Jakobus Richter

Am Ende ist es wie am Anfang.
Nur anders!

Mein Weg vom glücklichen Mönch
zum glücklichen Ehemann

GloryWorld-Medien

1. Auflage 2018

© 2018 Jakobus Richter

© 2018 GloryWorld-Medien, Xanten, Germany

Alle Rechte vorbehalten

Bibelzitate sind, falls nicht anders gekennzeichnet, der Zürcher Bibel (Ausgabe 2007) entnommen.

Das Buch folgt den Regeln der Deutschen Rechtschreibreform. Die Bibelzitate wurden diesen Rechtschreibregeln angepasst.

Lektorat: Judith Kauper, Thomas Grüniger und Manfred Mayer
Satz: Manfred Mayer
Umschlaggestaltung: Marc Benseler, Ludwigsburg, www.benseler-design.de
Druck: CPI books GmbH, Leck

Printed in Germany

ISBN: 978-3-95578-351-8
Bestellnummer: 356351

Erhältlich beim Verlag:

GloryWorld-Medien
Beit-Sahour-Str. 4
D-46509 Xanten
Tel.: 02801-9854003
Fax: 02801-9854004
info@gloryworld.de
www.gloryworld.de
oder in jeder Buchhandlung

Inhalt

Für Dietmar.

Ein Freund, wie man sich ihn wünscht.

Mein besonderer Dank gilt Judith Kauper und Thomas Grüniger. Ohne ihre Hilfe und Korrektur wäre dieses Buch nicht entstanden.

Und natürlich Annerose, meiner Frau. Sie hat mich immer wieder ermutigt und zugehört, wenn ich ihr aus dem Manuskript vorgelesen habe.

Vorwort

Eine Lebensgeschichte ist wie ein Mosaik; es setzt sich aus vielen verschiedenfarbigen Steinchen mit unterschiedlichen Formen zusammen. Jedes Einzelne davon kann gut gelungen sein, manches auch misslungen. Bestimmte Steinchen können Schönheit ausstrahlen und für sich stehen. Aber richtig zur Entfaltung kommen die einzelnen Steinchen erst, wenn wir das ganze Bild sehen, das ganze Mosaik.

Wer Jakobus Richter begegnet ist, kennt auch einzelne Erfahrungen aus seinem Leben. Er selber hat nie einen Hehl daraus gemacht, dass er immer bereit war, aus den Ereignissen seines Lebens zu lernen. Vielleicht aus den negativen Erfahrungen noch mehr als aus den positiven.

Ich habe viele einzelne Geschichten aus dem Leben des Autors gehört. Ich kannte manche Geschichten so gut, als ob ich dabei gewesen wäre. Und doch war alles anders, als ich die Gelegenheit hatte, aus seinem eigenen Mund eine Beschreibung seines Lebens zu hören. Sofort fügten sich die einzelnen Versatzstücke zu einem großen Ganzen. Was für eine interessante Lebensgeschichte zeichnete sich da ab! Eine Geschichte, die es Wert ist, dass auch andere davon erfahren.

In dieser Lebensgeschichte spiegelt sich ein großes Thema wieder: die Sehnsucht nach Gemeinschaft. Niemand hat dieses Sehnen nach Gemeinschaft besser formuliert als Carson McCullers mit dem Titel ihres Romans „Das Herz ist ein einsamer Jäger". Diese Suche hat Jakobus Richter zu Gott gebracht, aber auch in ganz unterschiedliche Formen von Gemeinschaft, die zugleich Erfüllung und Herausforderung waren.

Dieser reiche Schatz von erfahrener und reflektierter Gemeinschaft hat ihn schließlich zu einem Menschen gemacht, der andere mit seinem Leben ermutigt.

Oft genug fragen wir im alltäglichen Leben nach Gott. Im Rückblick auf unser Leben zeichnen sich die Spuren Gottes klarer ab. Gerade die Krisen und Abbrüche machen deutlich, wohin Gott uns führen will und was wir lernen sollen. Wir können das bei anderen entdecken und dann bei uns selber finden. Deshalb zahlt es sich aus zurückzublicken.

Wir können die Spuren Gottes in jedem Leben finden. Am Ende ist es wie am Anfang, nur anders. Jakobus fing seinen geistlichen Lebensweg als glücklicher Mönch an und ist heute mit seiner Frau Annerose glücklich verheiratet. Was für eine erstaunliche Geschichte.

Im August 2018

Detlef Kauper[1]

---

[1] Detlef Kauper lebt mit seiner Frau Johanna in Erfurt und ist Pfarrer der Thüringischen Landeskirche. Er ist Gründer des *Checkpoint Jesus* in Erfurt. 2010 hat er Annerose und mich getraut.

KAPITEL 1

Meine Eltern

Er hob das Kind in das schmale Licht der Stalllaterne, die über dem Küchentisch schwebte, der als Entbindungsstation diente. Dann sagte er laut und deutlich: „Du sollst eines Tages in einer Klosterschule[1] erzogen werden!" Ich hatte das glücklicherweise nicht gleich verstanden, brüllte mich ins Leben hinein – und wurde krank. Dass es überhaupt zu diesem Augenblick kam, beginnt mit der Geschichte meiner Familie in Berlin.

Es war der 8. November 1938. Meine Mutter war 16 Jahre alt. Sie spürte die aufgeheizte Stimmung in der Stadt und ahnte das kommende Unheil. Sie sah aus dem ersten Stock ihrer Wohnung in Berlin-Charlottenburg, wie es überall brannte. Aber sie begriff wie viele andere nicht, was da wirklich vor sich ging. Warum machten sie das? Wieso entlud sich eine solche Gewalt? Was hatten die Juden getan? Sie waren bis dahin die freundlichen Nachbarn, Geschäftsleute und Ärzte, die plötzlich dem Mob preisgegeben waren. Später war in den Zeitungen zu lesen und in den Nachrichten zu hören, dass es die Reichskristallnacht war. Sie hatte den Beginn der Vernichtungsmaschinerie der Nazis mit eigenen Augen gesehen.

Meine Mutter war die Tochter einer Schauspielerin und eines Seemanns. Mein Großvater war Barkeeper auf großen Passagierdampfern. In seinen Adern floss Seemannsblut. Beide hatten enge,

---

[1] Klosterschulen (Scholae monasticae, claustrales) sind mit Klöstern verbundene Schulen, in denen Ordensleute den Unterricht erteilten. Sie gelten als Schulen mit Elitecharakter. Warum mein Vater diese Schule für mich wollte, habe ich nie erfahren.

freundschaftliche Beziehungen zu Juden. Meine Mutter hat später oft davon erzählt, wie ihre Mutter den in Not geratenen Juden geholfen hat, aus der Stadt zu kommen, oder wie sie ihnen etwas zu Essen besorgt hat. Angst, Not und Schrecken hatten sich in so vielen Familien breitgemacht und keiner wusste, wie das ausgehen würde. Die Propaganda und die Realität des Alltags passten nicht zusammen. Die Verunglimpfung der Juden und die persönliche Erfahrung mit ihnen wurden zur Zerreißprobe, die kaum auszuhalten war. Aber genau das war auch die Absicht der Nazis.

Diese Spannung zwischen dem, was ist, und dem, was sie sich wünschte, sollte sich wie ein Schatten über ihr Leben legen. Als meine Großmutter schwanger wurde, wollte mein Großvater sie heiraten, aber meine Großmutter wollte nicht. Dann fuhr er wieder zur See. Später eröffnete er in Hamburg auf dem Hans-Albers-Platz ein gutgehendes Leihhaus. Als er später ein Barmädchen heiratete, brach der Kontakt zu seiner Tochter, meiner Mutter, ab.

Die ersten Lebensjahre verbrachte meine Mutter bei ihrer Mutter in Berlin. Die Beziehung war schwierig. Meine Mutter sagte später, sie mochten sich beide nicht. Da meine Großmutter ihrer Tochter keine Liebe und Wärme zeigen konnte, gab sie sie nach Hamburg zu Pflegeeltern. Obwohl ihr Pflegevater kein Mädchen haben wollte, nahm er sie doch und erzog sie wie einen Jungen. Als meine Mutter alt genug war, ging sie nach Berlin zurück und lernte in der damals berühmten Rackowschule Stenotypistin. Mit 18 hatte sie die Schule abgeschlossen. Sie war begabt und fand 1940 eine Stelle bei der Deutschen Wehrmacht. Jetzt hatte sie eine Zukunftsperspektive, konnte sich ihre eigene Wohnung leisten und war frei, ihr eigenes Leben zu gestalten.

Auch wenn die Voraussetzungen durch den Krieg schwierig waren, hatte sie mit dem, was war, gelebt und ihr Leben gestaltet. Diese Kraft habe ich von ihr geerbt. Wir waren seelenverwandt. Meine Mutter hatte nie eine intakte Familie erlebt, in der sie Geborgenheit und Ermutigung fand. Bis zu ihrem Lebensende hatte sie eine Sehnsucht nach Familie und liebevoller Gemeinschaft. Sie hat immer versucht, uns Kindern das Gefühl von Geborgenheit zu geben. Wenn wir Menschen leiden sahen, hat sie uns ermutigt, mitfühlend zu sein. Wenn wir mit dem Finger auf diese Menschen zeigten, ermahnte sie uns, dass die drei anderen Finger auf uns selbst gerichtet sind. Ihren Glauben an Gott hat sie nicht durch eine kirchliche Verbundenheit gelebt. Sie hatte ein Gespür für die christlichen Werte. Sie lebte ein wertschätzendes Leben, war dankbar, treu, freundlich und ehrlich. Sie hat vergeben, wo Vergebung wichtig war. Sie hat uns das Beten gelehrt und Gott immer als jemanden gesehen, der es trotz aller widrigen Umstände gut mit uns meint. Mein Vater war der Sohn eines wohlhabenden Kaufmanns. Er hatte einen Tabakladen und ein Kolonialwarengeschäft. Hier verkaufte er Lebensmittel und Genussmittel, die aus den Kolonien eingeführt wurden. Ihm gehörte das größte Haus in Herford. Als das Gas für die Haushalte erfunden wurde, war das Haus meiner Großeltern das erste Haus mit Gasanschluss. Zu dieser Zeit lebte mein Vater schon in Berlin, sonst hätte ihn vielleicht das gleiche Schicksal ereilt, wie seine beiden Brüder. Die verlegten Leitungen des damals noch geruchlosen Gases waren nicht dicht. In der ersten Nacht, als das Gas strömte, starben seine Brüder an Gasvergiftung. Seine Schwester und seine Eltern überlebten unbeschadet. Nach diesem Unglück verkauften meine Großeltern ihr Anwesen; sie zogen nach Berlin und kauften sich in ein Bauunternehmen ein. Das machte Pleite, und so starben meine Großeltern am Ende in Armut. Mein Vater hatte Glück, dass er noch vom Wohlstand seiner Eltern leben konnte. Sie wollten, dass ihr Sohn Medizin studiert. Er immatrikulierte sich an der Charité in Berlin. Studiert hat er aber nur Musik. Das war seine Leidenschaft und seine große Begabung. Damit er nicht lügen musste, wenn er Geld brauchte, schrieb er sich vorsorglich bei den Medizinern ein.

Mit Beginn des Krieges unterbrach mein Vater sein Studium. Er wollte für Deutschland und den Führer in den Krieg ziehen, was er im Spätsommer 1939 als Sanitätssoldat auch tat. Er war ganz am Anfang mit dabei, als die Deutschen in Polen einfielen. Und er war einer von denen, die bejahten, was Goebbels am 18. Februar 1943 im Berliner Sportpalast als Frage gestellt hatte: Wollt ihr den totalen Krieg? Ja, er wollte den totalen Krieg, weil er daran glaubte, dass Hitler alles richtig machte. Er konnte nicht ahnen, wie so viele andere mit ihm, dass das Tausendjährige Reich, das Hitler propagierte, nur ein paar Jahre halten würde.

Vom Krieg in Polen bekam mein Vater ein paar Tage Urlaub. Endlich war er wieder in Berlin. Die Sehnsucht meiner Mutter nach ihrem Geliebten war groß gewesen. Nun floh die Einsamkeit, und die Hoffnung auf eine glückliche Zukunft strahlte durch das Fenster. Geborgenheit schien näher zu rücken. Sie hatte ihn nicht freiwillig für den Krieg hergegeben und an die Notwendigkeit dieses Krieges nicht geglaubt. Sie wollte Familie und Geborgenheit. Und dann war er da. Für Stunden war die Welt der Verliebten wieder in Ordnung und die Sehnsucht nach dem Geliebten wurde für viel zu kurze Augenblicke gestillt. In dieser Nacht wurde mein Bruder gezeugt. Er wurde 1941 in Berlin geboren und bekam den Namen Heiko. Er war zeitlebens ein Mann mit liebendem und gütigem Herzen. Ein Liebhaber, der die Frauen und das Meer liebte.

Noch ein zweites Mal wurde meine Mutter bei so einem kurzen Fronturlaub meines Vaters in Berlin schwanger. 1943 wurde es in der Stadt aber so schlimm, dass Mütter und Kinder evakuiert wurden. Meine schwangere Mutter kam mit Heiko nach Kölleda in Thüringen. Ihre beste Freundin, die auch einen kleinen Sohn hatte, durfte mit ihr gehen. Als sie sich in der zugewiesenen Wohnung gerade etwas eingerichtet hatten, legte meine Mutter sich ins Bett. Die Wehen kamen. Meine Schwester wollte das Licht der Welt sehen. Am 2. Januar 1944 erzählte die Freundin meiner Mutter ihr einen Witz. Sie musste so lachen, dass das Bett, in dem sie lag zusammenbrach und meine Schwester in einer Sturzgeburt geboren wurde. Der Krieg hatte auch seine lustigen Seiten.

Meine Eltern waren zum Zeitpunkt der Geburt meiner Schwester noch nicht verheiratet. So wurde auch meine Schwester Heidrun unehelich geboren. Meine Eltern liebten sich und wollten trotz Krieg und widrigen Umständen heiraten. Doch es gab zwei Hindernisse. Die Schwester meines Vaters wollte meine Mutter nicht als Schwägerin. Auch wenn meine Tante eine einfache Frau ohne Berufsausbildung war, hatte sie den Eindruck, etwas Besseres zu sein. Sie hatte andere Pläne für ihren Bruder und versuchte durch Intrigen meine Großeltern dazu zu bewegen, diese Hochzeit zu verhindern. Der andere unglückliche Umstand war der, dass die Urlaube aus dem Krieg zu kurz für die rechtlichen Formalitäten waren. Zweimal hätte die Hochzeit fast geklappt, aber mein Vater wurde frühzeitig zurück an die Front beordert.

Als der Krieg 1945 endlich zu Ende war, wollten meine Eltern im thüringischen Erfurt heiraten. Die Familie sollte eine rechtmäßige Form bekommen. Für dieses nahestehende große Ereignis ging meine Mutter zum Frisör, um sich für diesen besonderen Tag schön zu machen. Der Frisör schaute in ihren Haarschopf und sagte: „Ich kann sie leider nicht frisieren!" Meine Mutter war entsetzt und fragte fast verzweifelt: „Warum nicht?" „Sie haben Läuse!" So war das eben im Nachhinein im tausendjährigen Reich der Nazis. Sie hatten nichts zu essen, aber viele hatten Läuse.

Dass mein Vater überhaupt so früh zurück zu seiner Familie kam, war ein Glück, das viele seiner Kameraden nicht hatten. Eigentlich war er russischer Kriegsgefangener. Aus irgendeinem Grund aber, den wir nie herausbekamen, kam er plötzlich in englische Kriegsgefangenschaft. Das war sein Glück, denn die englischen Kriegsgefangenen wurden relativ schnell entlassen.

Meine Mutter war zu dieser Zeit noch in Kölleda (Thüringen), wo große Armut herrschte. Die einzige Chance, etwas zu essen zu bekommen, war die Mitarbeit in einem politischen Amt. Meine Mutter sah ihre Chance und wurde Referentin für Jugend und Sport. Dadurch bekam sie Lebensmittelkarten und Milch für ihre Kinder. Sie war nie politisch engagiert, weder bei den Nazis noch in der aufkommenden DDR. Aber hier ging es um das nackte Überleben ihrer Kinder, und dafür war sie auch bereit, ein politisches Amt zu übernehmen. Vielleicht hatte sie von ihrer Mutter genug schauspielerisches Talent geerbt, um eine Rolle zu übernehmen, aus der sie wieder heraustreten konnte, wenn das Seil zu Ende war.

Die Hochzeit meiner Eltern sollte in Herford in Westfalen nachgeholt werden. Da mein Vater inzwischen aus der englischen Kriegsgefangenschaft entlassen war, bahnte sich für meine Mutter das Ende des Rollenspiels in der DDR an. Als mein Vater sie endlich nach Herford holte, war das für sie zugleich die Erlösung aus einer unerträglichen Situation. Das Spiel war zu Ende, der eiserne Vorhang fiel hinter ihr herunter und sie war wieder die Frau, die endlich mit dem Mann, den sie liebte, Familie werden konnte. Meine zwei Geschwister wurden von meinem Vater adoptiert. Jetzt hießen alle vier Richter.

Herford

Die Zeiten waren schlecht und Armut und Hunger waren der tägliche Begleiter vieler Familien. Die englische Armee hatte in meinem Vater das Übersetzertalent entdeckt. Er wurde eingestellt und übersetzte Beipackzettel deutscher Medikamente ins Englische. Zu dieser Zeit gab es für deutsche Zuckerkranke kein Insulin. Mein Vater hatte aber gute Beziehungen zu den Engländern aufgebaut und bei ihnen Insulin besorgt. Er gab es einem deutschen Arzt, der überglücklich war. Nun konnte er auch denen helfen, die in großer Not waren. Der Arzt kam aus einer großen Landwirtschaft. Der Deal mit ihm war, dass kein Geld floss. Mein Vater wollte kein Geld dafür, aber Lebensmittel waren in Ordnung. Sie waren für alle knapp und wir hatten Hunger. Hunger hatten in dieser Zeit fast alle. Aber jetzt hatten wir plötzlich genug Fleisch und Wurst zu essen. Wie genau mein Vater an das Insulin kam, blieb für immer ein Geheimnis. Als mein Vater einmal Schweinefleisch nahe der holländischen Grenze organisierte und es in zwei Koffern nach Herford transportierte, wurde er festgenommen und kam dafür einige Zeit ins Gefängnis. Schwarzhandel wurde streng bestraft. Trotzdem durfte er tagsüber bei den Engländern arbeiten, und meine Mutter hatte die Möglichkeit, ihn mit den zwei Kindern täglich zu sehen. Nachts musste er ins Gefängnis. Von meiner Mutter habe ich diese Präsenz geerbt, von meinem Vater das Organisieren. Er war ein echtes Organisationstalent, das er für seine Familie und Menschen in Not einsetzte. Wie sagen die Westfalen? „Das kann man nicht lernen, das muss einem gegeben sein!"

Am 31. Oktober 1946 legte sich meine Mutter auf den Tisch in der Küche. Über ihr eine sparsame Stalllaterne. Jetzt wurde ich geboren. Ich machte gleich Probleme. An der Mutterbrust saugte ich mir den Magen voll und spuckte alles wieder aus. Diagnose: Magenpförtnerkrampf. Zu der damaligen Zeit war es für die meisten Babys ein Todesurteil. Ich hatte Glück. Denn Dr. Lemke in Herford hatte gerade die Humana-Milch entwickelt und ich war eines der ersten Babys, das mit dieser Milch am Leben blieb. Ein viertel Jahr bekam ich gerade so viel, dass ich daran nicht starb. Aber zum Wachsen war es auch zu wenig. So wog ich mit drei Monaten weniger als bei der Geburt. Aber ich durfte leben! Später, viel später, habe ich begriffen, dass solche frühkindlichen Situationen dazu führen können, dass das Gefühl bleibt, nicht genug zu bekommen. Das führt zur Gier. Das hat bei mir zu diesem unersättlichen Jähzorn geführt. In der Phase des Magenpförtnerkrampfes hatte ich Hunger, den ich nicht stillen konnte. Darum habe ich wie am Spieß geschrien. Ich konnte nicht sagen, dass ich Hunger hatte, ich konnte es nur fühlen und dem Gefühl durch Schreien Luft machen. Besser kann ich mir die Entwicklung zum Jähzorn nicht erklären. Außerdem hatte ich als Kind immer Hunger und musste mich zeitlebens daran gewöhnen, dass Sättigung bei mir kein körperliches Gefühl ist, sondern ein Willensakt. Oft genug war der Wille gegen eine zweite Portion Essen nicht stark genug. Ich habe an Gewicht alles nachgeholt, was mir im ersten Vierteljahr meines Lebens vorenthalten wurde.

Jetzt waren wir drei Kinder. Mein Vater war eines jener Opfer des sinnlosen Krieges, das nicht mehr auf die Beine kam. Der Zweite Weltkrieg spiegelte sich in den Trümmern der Häuser noch lange wider, aber auch in den verwüsteten Landschaften. Er hinterließ Schäden in den Seelen der Männer und Frauen, die geglaubt hatten, es richtig gemacht zu haben. Wenn die Hoffnung in Trümmern liegt, verbiegen sich auf ihren Ruinen die Seelen. Der Alkohol wurde für meinen Vater ein ständiger Begleiter. Es gab keinen psychologischen Beistand. Jeder musste irgendwie sehen, dass er wieder auf die Beine kam. Die Leidenschaft der Musik hatte keinen Raum mehr in seinem Leben. Alles war zerbrochen. Er und viele andere ertrugen das Leben nur noch im Rausch. Vom Organisationstalent meines Vaters war nicht mehr viel übriggeblieben. Darum hatten wir kein Geld und oft nicht das Nötigste, um Essen zu kaufen.

1948 wurde meine Schwester Brigitte im Krankenhaus in Herford auf der Entbindungsstation geboren. Da blieb sie auch, als meine Mutter entlassen wurde. Sie wollte sie nicht mit nach Hause nehmen, weil sie nicht wusste, wie sie sie ernähren sollte. Einen Tag später holte sie sie in unsere Familie. Lieber gemeinsam hungern als eines der Kinder nicht bei sich zu haben. Mein Vater versank total im Alkohol. Ich war 8 Jahre alt, als ich einen entsetzlichen Schrei meiner Mutter hörte. Wir alle sprangen aus den Betten und suchten sie. Der Schrei kam aus dem Keller. Sie fand meinen Vater aufgehängt im Kellergang.

Glückliche Kindheit

Ab jetzt lebten wir ohne Vater, aber mit einer willensstarken Mutter. Sie gab uns alles, was sie konnte. Sie war nicht nur eine selbstbewusste Frau, sondern sorgte auch aufopfernd für uns. Wir hatten wenig Geld, wenig zu essen, aber eine glückliche Kindheit. Wir lebten auf dem Land. Meine Freunde waren Bauernsöhne und ich verbrachte die meiste Zeit auf einem der Bauernhöfe und half mit, wo ich konnte. Wir bauten uns Tunnel in den Strohlagern auf dem Dachboden der Höfe und wussten nicht, wie gefährlich das war.

Ich spürte nichts von dem Unterschied zwischen den reichen Bauern und der armen Familie – nur einmal, als ich half, das große Tor des Wohnhauses vom Bauernhof zu streichen. Grün, so wie es bei einem westfälischen Bauernhof üblich ist. Die beiden riesigen Flügeltüren, durch welche die Fruchtwagen und Strohladungen passten, und die kleine Tür in einem der Flügel, durch die man ging, wenn das Tor verschlossen war. Abends, als ich nach Hause kam, hatte ich für meine Arbeit nichts bekommen. Ich war traurig, denn ich sah, wie die Bauersfamilie in ihrer großen Küche um den Abendbrottisch saß, und ich hatte Hunger. Wie so oft ging ich hungrig nach Hause. Nach etwa einer Stunde klingelte es bei uns an der Haustür und der Bauernsohn, mein Freund, brachte uns einen Schinken. An diesem Abend aßen wir Schinken mit etwas Brot und die Welt war wieder in Ordnung!

Wir waren auch glücklich, wenn wir eine Woche Kartoffeln mit Spiegelei, die andere Woche Spiegelei mit Kartoffeln aßen, und dann in der nächsten Woche Kartoffelbrei mit Spiegelei und in der darauffolgenden Woche Bratkartoffeln mit Ei bekamen. Hunger hatten wir eigentlich immer. Ich sowieso und meinen Geschwistern erging es nicht besser. Wir lernten Dankbarkeit auf ganz natürlichem Weg. Zu unserer Tischkultur gehörte es, dass wir vor jedem

Essen beteten. Als wir später in die Pubertät kamen, leierten wir das Tischgebet nur noch herunter. Da schlug meine Mutter vor, wir sollten es doch lassen, wenn es uns kein Anliegen mehr ist. Ob es das in der Tiefe des Glaubens jemals war, kann ich für meine Geschwister nicht beantworten, für mich gehörte es einfach dazu. Wir hörten auf zu beten. 14 Tage später baten wir meine Mutter, dass wir doch wieder beten wollten. „Warum?" fragte sie. „Wir wissen sonst nicht so recht, wie wir mit dem Essen beginnen können!" So beteten wir wieder, was ich bis zum heutigen Tag tue. Auch bei McDonald's oder im feinsten Restaurant. Es ist mir wichtig, Gott für das zu danken, was so viele andere Menschen nicht haben. Ich weiß es aus eigener, schmerzlicher Erfahrung, dass die Nachkriegsgeneration sehr gehungert hat und dass sattwerden keine Selbstverständlichkeit war.

Anfang der 1950er-Jahre wurde ich eingeschult. Das Lernen fiel mir leicht und machte mir Spaß. Schönschreiben war meine Leidenschaft. Ein Mitschüler und meine Mutter waren für mich große Vorbilder darin. Ich hatte große Pläne und Träume, was ich einmal werden wollte. Pfarrer wollte ich werden. Mir gefielen der Talar und die würdevolle Bewegung darin. Lokomotivführer wollte ich auch werden, oder Lehrer oder Professor.

In „Betragen" bekam ich im Abschlusszeugnis der Volksschule eine 3. Das war die Rache unseres Schulleiters, weil ich seinen Sohn verprügelt hatte. Ich war ein Kämpfer für die Gerechtigkeit. Mut hatte ich und war bereit, Ungerechtigkeiten an der Schule zu thematisieren. Einmal verprügelte ich den Sohn unseres Schulleiters, weil er die Noten der Schüler verraten hatte, bevor sie bekannt wurden. Ein anderes Mal beschwerte ich mich, dass wir ein Gewächshaus in der Schule für den botanischen Unterricht hatten und der Rektor seine eigenen Gurken darin züchtete. Ich hatte nie Angst zu sagen, was ich sagen wollte. Mit diesem Auftreten handelte ich mir manchen Stockhieb und manche Ohrfeige ein. Nur ein Lehrer in unserer Dorfschule erkannte meine schulischen Fähigkeiten. Er förderte mich mit seiner ermutigenden Art und machte aus mir jemanden, der gut lesen und schreiben konnte.

Eines Tages kam ich mit meiner Schwester Heidrun von der Schule. Wir hatten Hunger und wussten, dass es in der Küche einen verschlossenen Schrank gab, in dem Brot lag. Ich wusste auch, wo der Schlüssel war. Wir schauten uns zustimmend an und ich holte den Schlüssel. Dann schnitten wir zwei Scheiben ab und träufelten Maggi drauf. Bevor wir aßen beteten wir: „Komm Herr Jesus, sei du unser Gast und segne, was du uns bescheret hast!" Es war geklaut, aber es war auch gesegnet.

Dann kam das Ende des vierten Schuljahres für mich. Damals gab es nur die Volksschule mit 8 Jahren Schulzeit. Jetzt war die Zeit, auf die Realschule oder das Gymnasium zu wechseln. Mein tiefster Herzenswunsch war, aufs Gymnasium zu gehen, weil ich eines Tages studieren wollte. Das Problem war: Um aufs Gymnasium gehen zu dürfen, musste ich eine Prüfung machen. Ich ging zu meiner Mutter und bat sie darum, die Prüfung machen zu dürfen. Sie nahm mich auf den Schoß und hatte Tränen in den Augen. „Du darfst das gerne machen, aber du wirst die Prüfung nicht bestehen. Nicht weil du zu dumm bist, sondern weil wir zu arm sind. Zum Gymnasium gehen nur die Söhne von großen Bauern, von Rechtsanwälten, Ärzten und eben von allen, die Geld haben. Wir haben kein Geld." Ich durfte die Prüfung machen und eine Woche später war ich durchgefallen. Das hat einen bleibenden, wunden Punkt in meinem Leben hinterlassen: „Ich genüge nicht!" Das war Futter für meinen Jähzorn. Am Ende waren es 8 Jahre Volksschule. Damit konnte ich alles werden, was ich nicht wollte.

Ja, wir waren arm, sehr arm. Meine Mutter musste mit 280 Mark im Monat auskommen. Für eine fünfköpfige Familie ist das sehr wenig. Immer am Anfang des Monats, wenn meine Mutter das Geld vom Amt holte, durfte eines der Kinder mit zum Einkaufen gehen, weil es nur für eines der Kinder für etwas Schokolade reichte. Sie sagte dann: „Aber sag es den anderen nicht!" Sie wollte nicht, dass den anderen das Herz blutet. Jeder von uns wusste, was es bedeutete, wenn einer von uns mitgehen durfte, aber wir hatten gelernt, dankbar für den zu sein, der dran war. Armut war für uns nie ein Grund, nicht großzügig zu sein. Wir schenkten meiner Mutter große Sträuße von Wiesenblumen, und weil wir keine Blumenvasen hatten, waren sie auch in Einkochgläsern sehr schön. Sie freute sich immer, auch wenn hin und wieder eine Blume aus Nachbars Garten dabei war.

Wenn wir Kinder beim Bauern Geld durch unsere Mitarbeit bekamen, kauften wir eine Kleinigkeit für meine Mutter. Sie zeigte ihre Dankbarkeit auch für die Süßigkeiten, die sie uns später wieder zuschob. Wenn sie konnte, legte sie etwas Geld zur Seite, weil irgendwann Weihnachten kam. Am Heiligen Abend durften wir nicht ins Wohnzimmer, bis sie die Wunderkerzen am Baum entzündet hatte und mit einem Glöckchen läutete, um uns hereinzubitten. Mit großen Kinderaugen staunten wir über den schön geschmückten, mit Lametta behängten Baum, und unsere Augen suchten nach dem Päckchen, nach dem Namen darauf, der auf dem Päckchen stand. Sie waren aber so geschickt platziert, dass keiner erraten konnte, welches Päckchen für wen gedacht war.

Die Frömmigkeit meiner Mutter war nie bedrängend, aber sie wollte, dass wir verstanden, was wir feiern. Wir sangen Weihnachtslieder, und weil ich der Frömmste von uns Kindern war, durfte ich die Weihnachtsgeschichte aus dem Lukasevangelium vorlesen. Danach war endlich die Bescherung. Es war nie viel, aber wir hatten Freude und waren dankbar für alles, was wir bekamen. Meine Mutter bekam auch etwas. Vor allem unsere fröhlichen Kinderaugen und die vielen gebastelten Dinge und Zeichnungen, über die sie sich sichtbar freute. Dankbarkeit war das Lebenselixier meiner Mutter, und damit erzog sie uns zur Großzügigkeit.

Als ich mein erstes Geld verdiente, kaufte ich ihr zu Weihnachten eine dreiteilige Schlaraffia-Matratze. Das war damals das Beste, was ich bekommen konnte. Bis dahin lag sie auf einer dünnen, mit „Stroh" gefüllten dreiteiligen Matratze, die ihr mehr Rückenschmerzen als Nachtruhe bereitete. Auch meine Geschwister kauften in diesem Jahr für meine Mutter Geschenke. Alles wurde auf das Sofa im Wohnzimmer gelegt und ein Bettlaken darüber, damit niemand sehen oder erahnen konnte, was darunter lag. In diesem Jahr stand meine Mutter auf dem Flur und wir Kinder entzündeten die Wunderkerzen und läuteten. Dann kam sie herein und sah das Bettlaken. Ein liebevolles Strahlen ging über ihr Gesicht. Wir sangen in diesem Jahr noch zwei Lieder zusätzlich, und ich las die Weihnachtsgeschichte ganz langsam vor. Wir hatten meine Mutter so platziert, dass sie immer auf das Bettlaken schauen konnte. Wir hatten eine Riesenfreude, ihre erwartungsvollen Blicke zu sehen. Endlich war die Bescherung und wir hatten mehr Freude an der Freude meiner Mutter, als an den Geschenken für uns. Es war unsere Dankbarkeit für all das, was sie für uns getan hatte. Dann bekam jeder von uns einen Kuss, und vor Freude hatte sie Tränen in den Augen. Jeder Schritt, den wir aus Dankbarkeit machen, führt uns zum Glücklichsein. Es war der glücklichste Heilige Abend in unserer Familie.

Ich war oft niedergeschlagen, hatte depressive Gefühle, weil ich mit meinem Jähzorn und meiner Wut nicht zurechtkam. Ich zog mich häufig zurück, las Bücher über Menschen, die ihr Leben gemeistert hatten, die Erfolg hatten und etwas in ihrem Leben bewirkten. Es waren Männer und Frauen, die durch Leid und Armut, über Hindernisse und Verfolgung zu Menschen wurden, von denen ich mich so weit entfernt fühlte. Ich wusste nicht, wie ich meine Gefühle in den Griff bekommen konnte. Ich war unglücklich und sehnte mich nach dem Glücklichsein und nach einem Freund, mit dem ich alles besprechen konnte. Mir fehlte der Vater, aber das wusste ich damals nicht.

Nicht alle Tage zwischen Neujahr und Weihnachten waren glücklich. Mein Jähzorn beeinflusste die Beziehung zu meinen Geschwistern. Einmal biss ich vor Wut meiner älteren Schwester fast den kleinen Finger ab. Tränen flossen und Wut machte sich breit. Trotzdem waren wir auch glücklich miteinander. Wir hatten das Glück, viel draußen in der Natur sein zu können. Gleich hinter unserem Haus war ein kleiner Wald und ein Bach lief am Rande des Ortes durch die Wiesen. Wir bauten uns Hütten im Wald und stauten den Bach auf, um Kaulquappen zu fangen. In Einmachgläsern nahmen wir sie mit nach Hause und beobachteten sie, bis sie kleine Frösche wurden. Wir hatten keine Angst vor Dreck und kleinen Tieren. Wenn wir einen Apfel fanden, der etwas dreckig war, haben wir draufgespuckt und ihn an der Hose oder am Kleid abgerieben und gegessen. Das kann ich bis heute noch. „Dreck scheuert den Magen", war die Antwort meiner Mutter.

Mein Bruder fand eines Tages ein Nest mit Mäusen. Er steckte die kleinen Mäuse in die Hosentasche und ging nach Hause. Dann bat er meine Mutter, in seine Hosentasche zu fassen. Sie tat das ohne jede Vorwarnung und tat das nach einem Schreckensschrei nie wieder.

Vier Kinder sind ein Geschenk des Himmels, auch wenn sie die Hölle auf Erden zelebrieren können. Meine Mutter war eine sehr impulsive Frau. Es flogen auch Gegenstände durch die Luft in Richtung Kind. Spätestens dann wussten wir, dass es Zeit für Frieden war. Das war natürlich nicht einfach. Meine Mutter warnte uns: „Wenn es jetzt nicht aufhört, dann knallt's!" Und dann hat es geknallt und alles war ruhig. Als wir älter wurden, hielten wir die Hand meiner Mutter fest, damit sie nicht schlagen konnte. Dann schrie sie, damit unsere tauben Ohren hörten, was sie sagte. Wir haben dann gebettelt: „Mutti, schrei doch nicht so laut, was sollen die Nachbarn sagen?" Antwort der verzweifelten Mutter: „Das ist mir scheißegal, was die Nachbarn sagen, seid jetzt endlich friedlich!" Wir gaben uns dann etwas Mühe, den Streit durch Auseinandergehen zu beenden.

Mein Bruder und meine ältere Schwester waren ein Team, meine jüngere Schwester und ich das andere. Gerade mit meiner jüngeren Schwester verband mich eine tiefe Herzensbeziehung, die bis heute hält. Aber mit mir war es nicht leicht zu leben. Ging ich als Kleinkind mit zum Einkaufen, wollte ich laufen. Auf dem Rückweg, wenn der Kinderwagen voll mit Lebensmitteln war, wollte ich nicht laufen. Ich schrie und machte meiner Wut dadurch Luft, dass ich mich auf dem Boden wälzte und nicht zu beruhigen war. Der Jähzorn in mir trieb Blüten! In ihrer Not ging meine Mutter zu unserem Hausarzt und holte sich Rat. Er empfahl ihr, mir den Hintern zu versohlen, wenn ich wieder so einen Anfall bekäme. Bei meinem nächsten Tobsuchtsanfall nahm sie unseren Handfeger und schlug auf mich ein. Einmal schlug sie daneben und der Stiel brach ab. Diesen Handfeger hatten wir noch, als ich später meine eigenen Wege ging. Ich blieb ein cholerischer, jähzorniger Mensch!

Weil 280 Mark nie ausreichten, hat meine Mutter alle Arbeiten angenommen, die ihr angeboten wurden. Bedingung war, dass sie immer ein Kind mitnehmen konnte. Sie arbeitete als Sekretärin, Putzfrau und flickte mit ihrer auf Raten gekauften Pfaff-Nähmaschine Wäsche.

Das Buch, das mein Leben prägen sollte

Als Elfjähriger wollte ich Mönch werden. Oder Pfarrer? Das Bäffchen und der schwarze Talar waren so würdevoll! Dass ich Mönch werden wollte, begann mit einem Buch, das meine Mutter mir zu lesen gegeben hatte: „Sebastian". Die Lebensgeschichte des Sebastian Franck. Sebastian war Sohn eines Webers in Donauwörth. Sein Vater wollte nicht, dass dieser Sohn an der Weberkrankheit stirbt und gab ihn in das nahegelegene Kloster. Hier wurde er Mönch und studierte Theologie. Als er von Luther hörte, schloss er sich dieser Bewegung an und verließ das Klosterleben. Er entwickelte ein eigenes Welt- und Geschichtsbild und stand für eine ungewöhnlich radikale Ablehnung jeder Form von religiöser Bevormundung ein. Als jemand, der den konfessionellen Dogmatismus kennengelernt hatte, trat er erbittert für die Glaubenskämpfe der Reformationszeit ein. Für ihn war die Wurzel allen Übels in der Kirche der konfessionelle Dogmatismus. Er machte das damalige Kirchenwesen dafür verantwortlich. Er löste sich von jeder kirchlichen Organisation und plädierte für Unparteilichkeit. Die kirchlichen Institutionen waren für ihn die Ursache der korrupten Seite des Christentums. Er kämpfte sein Leben lang für die Freiheit des Christenmenschen ohne kirchlichen Dogmatismus.

Ich verinnerlichte die Geschichte dieses Mannes tief in meinem Herzen. Sein Weg in das Kloster und die Möglichkeit, Theologe zu werden, berührten mein Herz. Heute erkenne ich in ihm die andere Seite, die mich immer wieder zu einem Verfechter der brüderlichen Liebe aller Christen ohne den kirchlichen Traditionalismus macht. Aber jetzt wollte ich erst einmal Mönch werden!

Ich habe mich oft gefragt, was mich mit Sebastian Frank verband und warum er mein Leben so geprägt hat. Es sind zwei ganz unterschiedliche Phasen.

Die erste Phase war die Faszination vom Mönchstum. Ich hatte die Idealvorstellung, dass Mönche in ihrer Lebensart ganz nah bei Gott sind. Das ist nicht einmal eine falsche Vorstellung, auch wenn es nicht für alle Mönche und in allen Zeiten so zutrifft. Die täglichen Stundengebete, das Lesen theologischer Bücher und Bildung passten in meine Vorstellungen. Auch die Gesänge, die Ordnung, die Liturgie und die Schönheit eines Gottesdienstes gehörten zu meinen

Idealvorstellungen. Erst im Laufe der Zeit, nachdem ich selbst Mönch geworden war, erlebte ich etwas ganz anderes. Es geht nie um das Äußere in der Beziehung zu Gott. Es geht immer um das Herz und die Hingabe an ihn. Es geht um das Wissen, dass der Mensch allein aus Gnade gerettet ist. Wenn die äußeren Formen und Strukturen einer Kirche wichtiger werden als die Hingabe an Gott, dann läuft etwas schief. Genau das hat Sebastian Frank erlebt und genau das ist der Grund, weshalb diese Strukturen für mich zum Feind wurden. Das war die zweite Phase aus der Erkenntnis des Buches, das mich zum Mönch werden ließ.

Mit 14 Jahren wurde ich konfirmiert. Ich weiß nicht, wie meine Mutter es geschafft hatte, mir einen schwarzen Anzug und feine Lederschuhe zu kaufen. Ich glaube, sie wusste, dass mir die Konfirmation wichtig war. Ja, es war ein Ja zu meinem Glauben, der aus tiefstem Herzen kam. Das große Münster in Herford war voll. Die Orgel dröhnte ihre feierlichen Klänge, und wir Konfirmanden zogen ein. Ein erhabener Augenblick. Und dann kam am Ende das Abendmahl. Die Oblate klebte uns unter dem Gaumen und wir alle versuchten, sie mit der Zunge wieder in die richtige Richtung zu bringen. Es war ein beglückender Augenblick, in dem wir uns das Lachen nicht verbeißen konnten. Ich werde diesen Augenblick der Heiligkeit und Menschlichkeit nie vergessen. Dann kam der Kelch und wir wurden von den Überresten der Oblate befreit. Danach wurde es wieder ganz ernst.

Die Wende

Meine Mutter, eine belesene, gebildete Frau, hat uns mit Lebensregeln versorgt: „Über Gott macht man keine Witze!" „Es ist egal, wie es die anderen machen, wir machen es so!" „Wenn die Not am größten, Gottes Hilf am nächsten!" Das hat sie nicht nur gesagt, das lebte sie auch.

Einmal hatte mein fünf Jahre älterer Bruder Heiko Geburtstag. Meine Mutter hatte kein Geld, ihm etwas zu schenken oder einen Kuchen zu backen. In Herford war Kirmes und meine Mutter hatte die Idee, dass vielleicht ein Los in der Losbude zum Glück meines Bruders beitragen könne. Ob sie im Stillen gebetet hat, weiß ich nicht. Sie hat nie darüber gesprochen, aber es schien, als würde sie sich ganz auf Gott verlassen. Sie nahm mich an die Hand und wir liefen fünf Kilometer zur Kirmes. Da kaufte sie sich zwei Lose für je 20 Pfennige. Sie hatte zwei Hauptgewinne. Ein Eimer mit allen Zutaten für einen Kuchen, der zweite Hauptgewinn war eine Armbanduhr. Mit den letzten Groschen fuhren wir mit dem Bus wieder nach Hause und hatten eine überwältigende Geburtstagsfeier.

Wenn meine Mutter eine besondere Gabe hatte, dann war das ihr Talent, Geschichten zu erzählen. An vielen Abenden haben wir meine Mutter gebeten, uns vom Krieg zu erzählen. In der Adventszeit saßen wir bei selbstgebackenen Weihnachtskeksen um den Tisch und staunten über die Dinge, die meine Mutter erzählte. Kinder lieben es, Geschichten vorgelesen zu bekommen. Wenn aber spannende Geschichten aus dem Leben erzählt werden, dann kann das nichts mehr toppen. Die aufregendste Geschichte war die unseres Vaters. Wir fanden es toll, dass er etwas tat, was ihm Spaß machte und er seinen Vater mit dem vorgetäuschten Medizinstudium ausgetrickst hatte. Auch meine Mutter bewunderte ihn wohl dafür.

Diese Freiheit, die meine Mutter hatte, auch unübliche Dinge zu erzählen und dabei auch die Tricks nicht unter den Tisch fallen zu lassen, hat meine Lebenseinstellung später entscheidend geprägt.

In Berlin lernten sich meine Eltern kennen. Sie muss die Hübscheste aller Frauen in der Stadt gewesen sein. Die Schönheit einer Mutter ist aus dem Blickwinkel des Kindes sicherlich subjektiv. Aber meine Mutter war eine sehr attraktive Frau und wurde oft von fremden Männern angesprochen. Ihre langen, schwarzen Haare, die nach hinten zu einem großen Knoten zusammengebunden waren, verliehen ihrem Auftreten etwas Würdevolles. Sie hatte ein angenehmes und sehr klares Auftreten, eine deutliche, aber freundliche Präsenz. Das hat ihr später bei Behörden geholfen, ihre Anliegen durchzusetzen.

Sie mühte sich redlich, uns vier Kindern einen stabilen Start ins Leben zu ermöglichen. Aber sie konnte mich nicht daran hindern, auszuprobieren und zu versuchen, wozu die Lust mich trieb. Es hätte auch keinen Zweck gehabt. In Anlehnung an Goethes Faust war das meine innere Situation: Zwei Seelen wohnen, ach! in meiner Brust, Die eine will sich von der andern trennen; Die eine hält, in derber Liebeslust, Sich an die Welt mit klammernden Organen; Die andre hebt gewaltsam sich vom Dunst der Erde zum Nahesein in Gottes Reich"[2] Ich musste mich ausprobieren, meine Grenzen kennenlernen, damit ich entscheiden konnte, wohin ich wollte. Wenn ich schon nicht genüge, dann will ich wissen, warum.

Als Kind und Jugendlicher hielt ich die gesteckten Grenzen nicht immer ein. Ich wollte „leben" und wehrte mich gegen alles „stinknormale", „spießig-bürgerliche".

Als junger Mann – Schule, Beruf und Bundeswehr lagen hinter mir – fand ich meinen Job: Vertreter für eine große deutsche Gewürzfabrik. Mönch werden zu wollen, davon war nicht mehr die Rede. Jetzt wollte ich erst einmal leben. Und weil ich das Leben nicht einfach nur leben kann, machte ich mich auf den Weg, es zu entdecken. Viele Möglichkeiten, Verlockungen und Grenzen warteten auf darauf, ausprobiert zu werden. Es war ein kurzer Weg von sechs Monaten.

In der Kneipe, in die ich abends gern ging, lernte ich einen jungen Mann kennen. Wir freundeten uns an, wurden Freunde, wie es nicht schöner sein kann. Eines Tages fragte er mich: „Willst du nicht mal raus aus dem Trubel, dem Stress des Alltags, einfach mal verschwinden? Es gibt eine Gemeinschaft in der Nähe von Limburg an der Lahn, die bieten Wochenenden an, an denen du echt abschalten kannst, still sein, hören, nachdenken, Gott erleben."

Das war die große Herausforderung für mich, sie erinnerte mich noch einmal an Goethes Faust. Will ich das Irdische, das Fleischliche, das Verführerische, oder will ich die Nähe zu Gott? Ich wusste es nicht, aber weil der Freund so beeindruckend von diesem Wochenende erzählte und ich ihm eine Freude machen wollte, fuhr ich hin. Ich ahnte nicht, wie sehr ich am Ende selbst der Beschenkte war: Es war das Wochenende, an dem ich mich für ein Leben mit Jesus entschied.

Mein Auto war ein VW Käfer. Ich fuhr die 300 Kilometer nach Gnadenthal. Als ich die Autobahn verließ, landete ich an einer Baustelle, die jede Durchfahrt unmöglich machte. Die Umleitung war ausgeschildert. Kurioserweise kam ich an der gleichen Stelle wieder heraus, wo ich schon bei der Abfahrt von der Autobahn war. Ich

---

[2] Nach Goethes Faust I, Vers 1112–1117.

versuchte es noch einmal und kam wieder an meinen Ausgangs-
punkt zurück. Jetzt platze mir der Kragen und ich gab Gas. Nach
zehn Metern saß ich so tief im Schlamm, dass nichts mehr ging. Ich
konnte gerade noch aus dem Auto aussteigen und ging zu Fuß nach
Gnadenthal. Hier wurden gerade die zwölf Pfeiler des neugebauten
Brüderhauses zusammengeschraubt. Einer der Brüder saß oben auf
der Baustelle und schaute mich erwartungsvoll an. Ich erklärte mein
Dilemma, und einer der Brüder nahm einen Traktor, dessen Räder
mit Wasser gefüllt waren und fuhr mit mir zu meinem Auto. Wir
schleppten es aus dem Schlamm, und so kamen wir hinter die Baustelle. Verdreckt, aber frei fuhren wir nach Gnadenthal.

Verdreckt, aber frei! Diese Lektion sollte ich an diesem Wochenende noch einmal auf andere Weise erfahren. Da es in Gnadenthal
noch keine Möglichkeit gab, ein Stilles Wochenende zu verbringen,
mieteten sich die Brüder in Limburg an der Lahn bei den Schwestern der Pallottinerinnen[3] ein.

Dort bekam ich ein Zimmer mit Blick auf den wunderschönen,
orientalisch gestrichenen Dom. Auf dem Tisch stand ein Aschenbe-
cher. Ich rauchte zu dieser Zeit 60 Zigaretten am Tag. Damals konnte ich mir diese Sucht noch leisten.

Am Freitagabend nach dem Essen begann die geistliche Einfüh-
rung in das Thema der Dreieinigkeit Gottes. An diesem Abend ging
es um den Vater. Ich kam zurück in meine „Zelle". Plötzlich war ich
da, wohin ich mich als Kind gesehnt hatte. Ich setzte mich an den
kleinen Tisch, rauchte von meiner „frommen" Marke „Lord extra"
eine Zigarette und versuchte zu meditieren. Es war nicht möglich.
Zigarettenqualm und Meditation ist wie nasse Füße in Winterstie-
feln bei 20 Grad Minus. Ich war ein Mann des Entschlusses. Ich
nahm meine letzten Zigaretten, es waren noch drei Stück in der Pa-
ckung, und sagte zu Gott: „Wenn es dich wirklich gibt, dann mach,
dass ich ab sofort nicht mehr rauche und ich nie wieder ein Verlangen dazu habe und nie husten werde!" Bis zu diesem Augenblick
war ich acht Jahre Kettenraucher gewesen. Ich konnte nie genug

---

[3] Als der heilige Vinzenz Pallotti gemeinsam mit seinen Mitstreitern im Jahre
1838 nach einer Choleraepidemie in Rom die „Pia Casa di Carità", ein Haus für
Waisenmädchen, gründete, rief er gleichzeitig eine geistliche Gemeinschaft von
Frauen ins Leben, die als Erzieherinnen dort wirkten.

kriegen. An diesem Abend rauchte ich meine letzte Zigarette. Ich habe nie gehustet, hatte keinerlei Entzugserscheinungen und nie mehr ein Bedürfnis nach einer Zigarette.

Visionen, die mein Leben bestimmten

Zu der Zeit wusste ich nichts von Visionen und geistlichen Eindrücken, die einen Menschen ganz persönlich und hautnah treffen können. Ich war mehr vor mir selbst auf der Flucht als bei mir zu Hause. Die Faust der inneren Zerrissenheit hatte mich getroffen. Und genau auf dieser Flucht hatte ich an diesem Wochenende ein inneres Bild, fast schon einen Film. Ich saß in der Kapelle der Nonnen, wo ich dieses lebensverändernde Wochenende erlebte. Halb saß ich, halb kniete ich. Plötzlich sah ich mich mit Frau und drei Kindern an einem gepflegten Haus mit Garten. Ein Bild, in der mir eine Karriere mit finanzieller Zukunft zuwinkte. Eine fast akustisch hörbare Stimme drang an mein Ohr und sagte: „Und du wirst fröhlich werden!" Ich war etwas überrascht. Setzte mich zurück auf die Kirchenbank und versuchte zu verstehen. Ich verstand gar nichts. Dann kniete ich mich wieder halb sitzender, halb kniender Weise hin und sah mich plötzlich, wie ich Jesus nachfolgte. Mir war sofort klar, dass ich da keine wirtschaftliche Karriere machen würde. Auf diesem Weg würde ich anderen dienen. Aber aus dem Bild drang ein Satz an mein inneres Ohr, den ich wieder akustisch wahrnahm. Es war die gleiche Stimme wie vorher: „Und du wirst glücklich sein!"

Gott kannte mein Verlangen nach Glück. Ich wollte immer glücklich werden. Natürlich wollen alle glücklich sein oder werden. In meiner Kindheit hatte ich Dankbarkeit gelernt, und sie ist das Fundament zum Glücklichsein. Glückliche Menschen sind meistens auch gesünder als unglückliche Menschen. Ich hatte das Verlangen, mit meinem Leben eine wirkungsvolle Geschichte zu schreiben, in der ich der Protagonist bin und entscheide, in welche Richtung die Geschichte gehen soll. Gott kannte meinen Wunsch, Mönch zu werden, den ich aber irgendwann aufgegeben hatte, weil ich ja „nicht katholisch" war. Ja, Gott weiß nicht nur alles, er hat auch Humor und Geduld. Als ich entdeckte, dass es auch evangelische Mönche gibt, sah ich irgendwie im Geist Gottes Augenzwinkern und Lächeln.

31

Und dann begriff ich plötzlich den Unterschied zwischen fröhlich sein und glücklich sein. Ich wollte glücklich sein! Ich war unsicher und sagte zur Vorsicht in Gottes Richtung: „Wenn das mit dem Glücklichsein nichts wird, dann mache ich das, womit ich fröhlich werde!"

Jetzt wollte ich beichten. Ich wollte den Dreck meines Lebens loswerden und frei sein. Nach einer zweieinhalbstündigen Beichte bekam ich die Absolution auf meinen Knien. Dann stand ich befreit auf und sagte zum damaligen Leiter der Bruderschaft: „Jetzt werde ich Bruder!" Und so kam es, dass ich ein halbes Jahr als Bruder für die Gewürzfabrik unterwegs war. Wie sehr sehnte ich mich nach dem Ende, Vertreter zu sein. Ich wollte nur eins: Vertreter für Gottes Liebe in dieser Welt werden, und das als Mönch.

Ich wurde Bruder und bekam den Namen Jakobus. Ich hatte keine Ahnung, wer das war. Den Namen fand ich schön, und als ich später die Bedeutung herausfand, Hinterlist und Fersenhalter, war es mir nicht mehr so ganz klar, ob ich diesen Namen wirklich zu recht bekommen hatte. Wer will schon ein Fersenhalter oder ein Hinterlistiger sein? Im Laufe der späteren Jahre aber wurde mir klar, dass es tatsächlich zu meiner Wesensart passte. Ich musste noch sehr viel lernen, um mit diesen Eigenschaften positiv umgehen zu können.

Die schmerzhafteste Konsequenz meiner Mönchslaufbahn war nicht das Verlassen meiner Ursprungsfamilie, sondern der Zerbruch der Freundschaft mit dem Freund, der mir den Weg ins Kloster gezeigt hatte. Ich hatte mir immer einen Freund gewünscht, mit dem ich „Pferde stehlen" konnte. Er war so einer. Ich habe ihn geliebt wie David den Jonathan liebte. Wir hatten keine Geheimnisse voreinander, hatten die gleichen Interessen und immer Zeit füreinander. Wir konnten miteinander weinen und lachen und verrückte Dinge machen. Es war eine Herzensverbindung, die man nicht machen kann. Sie ist Geschenk, und genau dieses Geschenk musste ich zurückgeben. Ich habe geweint und mit Gott gerungen, aber es musste sein. Ich musste mich entscheiden. Von nun an musste Gott an diese Stelle treten. Ein Opfer, das mir deutlich machte, was ein echtes Opfer ist. Wir haben uns nie wiedergesehen.

Es folgten zwanzig Jahre Bruderschaft in einem evangelischen Orden und damit der Entschluss zu einem ehelosen Leben für den

Herrn. Was das in letzter Konsequenz bedeutete, wusste ich nicht. Aber ich hatte die Verheißung, glücklich zu werden.

Der Start in der Bruderschaft war ganz anders als ich es mir erträumt und vorgestellt hatte. Ich wurde zuerst in die Außenstelle nach Hamburg-Osdorf gesandt. Dort lebte ich mit drei anderen Brüdern zusammen, und wir gingen tagsüber unserer bürgerlichen Arbeit nach. Ich fand in dem damals größten Stahlwerk der Welt in Hamburg-Finkenwerder eine Arbeit als Technischer Zeichner. Es war mein erlernter Beruf, aber ich hatte keine Ambitionen, damit meinen Lebensunterhalt zu verdienen. Im Stahlwerk war ich vollkommen überfordert. Ich sollte als Konstrukteur Pläne zeichnen, von denen ich keine Ahnung hatte. Ich sollte Abläufe konstruieren, von denen ich nichts verstand. Ich hatte kein Interesse an diesem Job. Ich wollte Mönch sein, der in einer Zelle lebt, und nun das.

Jeden Morgen fuhr ich mit der Fähre von Finkenwerder rüber auf die andere Seite der Elbe und abends kam ich frustriert zurück. Einmal kam ich zum Anleger und hörte einen Hilferuf aus der Mitte der Elbe. Da hatten sich schon zwei Männer aufgemacht und paddelten mit dem Rettungsboot zu dem hilferufenden Menschen. Alles spielte sich unmittelbar vor unseren Augen ab. Die Frau schrie um Hilfe und wollte sich doch nicht retten lassen. Einer der Männer packte sie am Kragen, tauchte sie unter und zog sie wieder hoch. Das war die einzige Möglichkeit, diese verzweifelte Frau aus dem Wasser zu ziehen. Ich dachte, so geht es mir auch. Ich muss wahrscheinlich erst sterben, damit ich gerettet werden kann. Ich starb jeden Tag, wenn ich auf die Fähre nach Finkenwerder wartete.

In der Bruderschaft gab es die Regel, dass man im ersten Bruderschaftsjahr keinen Kontakt mit den Eltern hat. Ich sollte lernen loszulassen. Aber ich wusste nicht warum. Ich hatte doch schon meinen Freund losgelassen und nun auch noch meine Mutter? Ich hatte nie den Eindruck, dass meine Mutter meine Entscheidungen beeinflusst, und fand es nur unfair, meine Mutter ein Jahr ohne Kontakt zu lassen. Das war mein erster Ungehorsam. Ich schrieb ihr in dieser Zeit drei Karten und sie war glücklich.

Nach einem halben Jahr war das Martyrium des Konstrukteurs vorbei. Ich durfte endlich nach Gnadenthal gehen und Mönch sein. In den Jahren, die folgten, erfuhr ich, dass es tatsächlich möglich ist, ein persönliches Verhältnis zu Jesus zu haben. Ich machte die Erfahrung, dass es Glück bedeutet, wenn Denken, Handeln, Fühlen und Glauben sich miteinander verbinden. Ich hatte eine Mitte in meinem Leben gefunden, die Denken, Handeln, Fühlen und Glauben in mir zusammenhielt. Ich lernte von Jesus her zu denken und zu lieben, zu handeln und zu fühlen. Trotzdem blieb ich „Mensch". Anfechtungen, Verlockungen, Bedürfnisse, Missverständnisse, Streit und Wut waren noch genauso da. Ich machte nicht immer alles richtig!

Die Begegnungen mit meiner Ursprungsfamilie wurden weniger. Wir hatten auch kaum die Möglichkeit, unsere Familie zu besuchen. In der Bruderschaft lebten wir in einer anderen Welt. Wir suchten wenig Kontakt nach außen. Wir pflegten die Adressen der Spender und Unterstützer und luden zu Veranstaltungen innerhalb der Bruderschaft ein.

Meine Mutter war an meinem Leben als Bruder interessiert. Ich schrieb ihr viele Briefe und konnte darin meine eigenen Erfahrungen verarbeiten. Ich glaube, sie erlebte in meinem Glauben ein Stück von dem, was sie selber nie zum Ausdruck bringen konnte.

KAPITEL 2

Gnadenthal

... Und Gott wird abwischen alle Tränen von ihren Augen, und der Tod wird nicht mehr sein, noch Leid noch Geschrei noch Schmerz wird mehr sein; denn das Erste ist vergangen. Und der auf dem Stuhl saß, sprach: Siehe, ich mache alles neu![1]

Da muss ich irgendetwas falsch verstanden haben. Es kam ganz anders. Wo Menschen sind, da menschelt es. Alles, was ich glaubte hinter mir gelassen zu haben, um in der Bruderschaft ein neues Leben anzufangen, den ganzen „alten Adam", hatte ich noch im Gepäck. Nach und nach packte ich ihn wieder aus. Ich fütterte und pflegte ihn, habe ihn gebadet und gequält. Und immer wieder habe ich versucht, ihn „unterzutauchen". Ich war nicht der Erste, der feststellen musste, dass der alte Adam – das Biest, wie es Luther nannte – schwimmen kann.

Den anderen Brüdern ging es ähnlich. Ein heiliges Leben für den Herrn wird in der Regel auf realistischem und hartem Boden gelebt. Wir Brüder waren nicht nur Freunde, wir haben gegeneinander und miteinander gekämpft.

Gabenorientiertes Leben

Jeder hatte seinen Lieblingsbereich und seine Lieblingsideen. Keiner von uns wollte sie kampflos preisgeben. Wir haben uns geliebt

---

[1] Offenbarung 2,4-5a.

und gehasst, einander alles gegeben, alles genommen und die wesentlichen Dinge voreinander verborgen.

Ich liebte den Orden, den Ort, wo wir ansässig waren, die Menschen, die Landschaft, alles wurde mir Heimat. Ich war dort glücklich, auch wenn es oft darum ging, „den untersten Weg" zu gehen. Bis ans Ende meines Lebens wollte ich in dieser Bruderschaft bleiben. Christsein außerhalb einer Bruderschaft war für mich undenkbar. Was nicht bruderschaftlich geprägt war, erschien mir wie der Versuch eines Lebens, das scheitern musste.

Wir hatten eine gemeinsame Kleidung, eine gemeinsame Sprache und ein gemeinsames Ziel. Wir beteten täglich für die Einheit des Leibes Christi und um Versöhnung zwischen den Kirchen. Bruderschaft war für mich das, von dem ich dachte, dass Gott Freude daran hatte. Christsein und Bruderschaft waren für mich völlig identisch.

In der Bruderschaft erlebte ich zum ersten Mal, dass es Gaben gibt, Fähigkeiten, die ich nicht erlernt hatte, die aber das immerwährende Lernen brauchen. Das ist wie mit der Begabung, die schon mein Vater hatte. Er war sozusagen vorgeburtlich mit dem Klavierspiel begabt. Damit er diese Gaben einsetzen konnte, musste er üben, viel üben und viel dazulernen. Ich wurde gemäß meiner Gabe in der Bruderschaft eingesetzt.

Ich wurde Seelsorger – ohne jegliche Ausbildung. Ich hatte das in mir. Ich sah Menschen an und wusste, wie es ihnen ging und was ihnen fehlte. Ich konnte zuhören, konnte zwischen den Zeilen auch das hören, was sie nicht sagten. Und genau darüber konnte ich mit ihnen sprechen.

Von Haus aus war ich gewohnt zu lesen. So las ich alle Bücher über Seelsorge und informierte mich darüber, was gut und wichtig ist und was ich besser nicht tue. Ich las therapeutische Bücher und lernte, wie man mit Situationen so umgehen kann, dass sie dem Ratsuchenden zur Hilfe werden. Ich war in meinem Element. Es war etwas ganz Besonderes, etwas leben zu dürfen, das ich als Gabe mitbekommen hatte.

Warum die Menschen Vertrauen zu mir hatten, wusste ich nie. Ich habe mir auch keine Gedanken darüber gemacht. Ich war ehrlich – mit mir selber und mit den Leuten, die zu mir kamen. Oft habe ich gesehen, dass das, was sie lebten, nicht funktionieren konnte. Einmal sagte ich zu einem Mann: „Wenn sie süßen Kaffee trinken wollen und Salz reintun, dann müssen Sie sich entscheiden, ob es das ist, was Sie wollen. Es scheint mir aber so, dass Sie süßen Kaffee mögen. Darum verstehe ich nicht, warum Sie keinen Zucker, sondern Salz in den Kaffee tun?" Daraufhin lachte er und sagte: „Dann muss ich wohl etwas in meinem Leben verändern!" Wir haben miteinander herausgefunden, was er verändern kann.

Wenn wir das Prinzip, um das es geht, verstehen, sehen wir auch einen Weg, der zur Lösung führt. Diesen Weg zu gehen, ist allerdings keine leichte Entscheidung, weil wir damit unser bekanntes Muster verlassen, mit dem wir bisher gelebt haben, auch wenn es wehgetan tat. Es braucht Ermutigung, und das ist die schönste Aufgabe eines Seelsorgers. Mit etwas Ermutigung wird der Ratsuchende zum Zucker greifen.

Kinder

Dass Kinder mich mochten, lag wohl an der väterlichen Art, die ich ausstrahlte. Für mich liegt in ihrer unbeschwerten und ursprünglichen Art zu leben etwas Befreiendes und Wohltuendes.

Eines Tages bekam ich einen Brief von einem neunjährigen Jungen. Er war der Sohn des Chefs meiner Mutter, die in der oberen Naturschutzbehörde als Sekretärin arbeitete. Der Junge schrieb mir folgenden Brief:

Lieber Bruder Jakobus!

Ich will dir zu deinem Geburtstag herzlich gratulieren. Mir geht es fast gut, ich habe nur ein bißchen (damals schrieb man das noch so) Schnupfen. Wie geht es dir? In der Schule bin ich besser geworden. Kommst du irgendwann uns besuchen? Willst du mein Patenonkel werden? Wie geht es deinen Schafen? Grüße alle Brüder herzlich von mir.

Dein Mirko.

Ich war sehr berührt. Eigentlich fragen die Eltern bei Freunden und Verwandten an, wenn sie ihre Kinder taufen lassen, ob sie das Patenamt übernehmen möchten. Ich habe natürlich zugesagt, und so war Mirko mein erstes von sieben Patenkindern. Zu seinen Eltern Dieter und Dietlind verbindet mich bis heute eine tiefe Freundschaft. Sie sollten später in meinem Leben noch einmal eine sehr hilfreiche Rolle spielen. Ich habe meinen Patenkindern nie etwas zum Geburtstag oder zu Weihnachten geschenkt. Dazu fehlten mir die Mittel. Ich habe für sie jeden Tag gebetet. Als sie konfirmiert wurden, habe ich sie aus meiner Obhut entlassen, habe sie aber gefragt, ob ich noch weiter für sie beten solle. Dann müssten sie mir das schreiben und mich über sich informiert halten. Manche haben es getan, manche nicht. Heute habe ich nur noch mit Mirko und seiner Familie Kontakt.

Aus dem Technischen Zeichner wird ein Verlagschef

In meinem vorbruderschaftlichen Leben lernte ich Technischer Zeichner im Maschinenbau. Mit diesen Voraussetzungen war ich nicht gerade vorbereitet auf das, was kommen sollte. Ich wurde für einige Jahre verantwortlich für den bruderschaftlichen Präsenz Verlag. Unser Sortiment waren Bücher und Bilder, die etwas vom Wesen unseres gemeinsamen Lebens widerspiegelten. Eines der wichtigsten Verlagsprodukte waren die Mosaik-Liederbücher. Diese Lieder waren die Vorläufer der vielen neuen Lieder, die heute durch die Welt gehen. „Hillsong" und „Outbreak-Band" sind die Bands, durch die die Lieder bekannt werden. In ein paar Jahren werden es wieder andere sein.

Diese Musik hat die Tradition der Musik in den Gemeinden vollkommen verändert. Ich hatte immer darunter gelitten, dass zwischen der Musik im Radio und der Musik in der Kirche Welten lagen. Für mich gab es keinen Unterschied zwischen geistlicher und weltlicher Musik. Musik ist Musik, und wem sie gefällt, für den ist sie gut. Die Texte spielen eine wesentliche Rolle, und die waren in den alten Kirchenliedern genauso gut oder schlecht wie in den neuen Liedern. In der Musik erleben wir am deutlichsten, dass wir nicht mehr im 16. oder 17. Jahrhundert leben. Kirche muss sich neu erfinden, und an vielen Orten ist das so.

Wenn ich heute zurückschaue auf mein Leben, sehe ich mit Freude, wie sich junge Menschen aufmachen und Kirche neu gestalten.

Gott sei Dank machen auch ein paar Alte mit. Das ist Hoffnung und Zukunft für eine Generation, die sonst verloren gehen würde, weil sie von Orgelmusik und Kirchenbänken, von Bäffchen und Gewändern nicht das bekommt, was sie sucht. Schon damals sah ich, dass Musik, Glaube und Hoffnung alltagstauglich sein müssen, damit sie bei den Menschen auf den Straßen und in ihren Häusern gelebt werden.

Musik ist eine Sprache des Herzens. Darum gibt es so viele unterschiedliche Weisen. In der Bruderschaft sangen wir nicht nur moderne Lieder, wir liebten auch die Kompositionen von Pére J. Geleniau und die gregorianischen Psalmengesänge mit der Harmonisierung von Maxim Kovalevski aus Paris. Er war ein Musikgenie. Von Haus aus war er Versicherungsmathematiker und leitete den Chor der französisch-orthodoxen Kirche in Paris. Durch den Verlag hatte ich viel mit ihm zu tun und lernte durch ihn ein ganz anderes, fröhliches und mystisches Christsein kennen. Die orthodoxe Frömmigkeit mit dem Ritus, den Priestern und Ikonen war so fremd und doch auch irgendwie schön.

Gnadenthal, seine Häuser und mein neuer Auftrag

Das geistliche Vorbild unserer Gemeinschaft war die Dreieinigkeit Gottes. Die Ikone von Andrej Rubljow, der Besuch der drei Engel bei Abram, die auch als Ikone der Dreifaltigkeit bekannt ist, zeigt die liebevolle Zuneigung der drei Personen zueinander. Die Zuneigung sollte sich in unserem Leben der Wertschätzung und Liebe zueinander ausdrücken und sich auch in den Häusern der Gemeinschaft widerspiegeln. Zuerst war nur das Brüderhaus gebaut. Es ist in der Form eines Fisches gebaut, was aus der Vogelperspektive gut zu erkennen ist. Der Fisch als das Zeichen für den Sohn. Im Griechischen heißt Fisch „ichthys", was man als Akronym für „Jesus Christus, Gottes Sohn, Erlöser" interpretieren kann. Schreibt man „ichthys" mit den griechischen Buchstaben, ergibt das außerdem die Form eines Fisches. Das ist der Grund, warum viele Christen das Symbol des Fisches auf ihrem Auto haben. Es das Bekenntnis des Autobesitzers, Christ zu sein.

Und nun sollte ein Haus der Stille gebaut werden. Es bekam die Form einer Taube. Leider hat das Geld nie für einen zweiten Flügel gereicht. Die Taube ist im Neuen Testament das Symbol für den Heiligen Geist[2].

Ich wurde der Verantwortliche für dieses Haus und gab ihm das Gepräge von Stille und Gottesbegegnung. Wir können viel, wenn wir Leidenschaft entwickeln und andere uns das zutrauen, was wir selber nicht oder noch nicht können.

Eines Tages kam ein ganz besonderes Auto auf den Parkplatz gefahren. Es war ein Zweisitzer Rover mit zwölf Zylindern. Ein Mann stieg aus und kam zu uns an den Empfang. Er hatte sich zu einer Bibelwoche bei mir angemeldet, die ich über den Jakobusbrief halten wollte. Endlich wusste ich, dass ich meinen Namen nach dem Bruder des Herrn, dem ersten Bischof von Jerusalem erhalten hatte. Der Mann war ein Bankdirektor einer schweizerischen Großbank. In meinen Bibelarbeiten wollte ich den Menschen Mut machen, ein aktives Leben mit Jesus zu leben, und da war es mir egal, aus welcher sozialen Schicht die Menschen kamen.

Der Mann entschied sich am Ende der Woche für ein Leben mit Jesus. Egal aus welcher sozialen Schicht ein Mensch kommt, ein Entschluss, das Leben mit Jesus zu leben, hat immer eine Zukunftsperspektive, die bis in den Himmel reicht! Ein paar Wochen später rief er mich an und sagte mir: „Ich möchte dir und der Gemeinschaft noch einmal danken und euch in ein besonderes Hotel für ein Wochenende im Schwarzwald einladen."

So fuhr ich etwas später mit dem Gründer unserer Bruderschaft und der Leiterin der Schwestern in das Hotel Adler am Titisee. Was für ein Luxus! Ich bewohnte die Luxussuite, in der auch Staatsmänner untergebracht wurden. Gefrühstückt wurde in „meiner" Suite. Punkt 8.30 Uhr klopfte es, und zwei Bedienungen kamen herein, nahmen den Tisch mit, an dem wir saßen, und tauschten ihn gegen einen voll ausgestatteten Frühstückstisch. So stelle ich mir „Tischlein deck dich" vor. Das alles begab sich am Ende der siebziger Jahre und ich unterschrieb eine Rechnung für drei Personen von 2000 Mark, die ich natürlich nicht bezahlen musste. In so einem Hotel bekommt man wirklich alles. Was immer der Wunsch des Gastes

---

[2] *„Nachdem Jesus getauft worden war, stieg er sogleich aus dem Wasser. Und siehe da: Der Himmel tat sich auf, und er sah den Geist Gottes wie eine Taube niedersteigen und auf ihn herabkommen"* (Matthäus 3,16).

ist, es wird erledigt. Wenn jemand Hunger hat, muss er nur in der Rezeption anrufen und seine Wünsche äußern, und nur wenige Augenblicke später klopft es an der Tür und es wird gebracht. Verlässt er das Zimmer und kommt eine halbe Stunde später wieder rein, ist das Bad geputzt und saubere Handtücher liegen bereit. Als „normaler" Mensch kann er sich gar nicht genug ausdenken, was er alles haben kann, weil er es auch nicht braucht. Als die Rezeption einmal leer war, ging ich zum Empfangschef, stellte mich vor und fragte ihn, wer sich so einen Luxus leisten kann. „Oh, das können viele, und manche bleiben einen ganzen Monat hier und zahlen die entstandenen Kosten, ohne dass sie es in ihrer Geldbörse spüren." In diesem Hotel hatten wir es mit Menschen zu tun, die über sehr viel Geld verfügten.

Ich habe den Aufenthalt in diesem Luxus gebraucht, um zu wissen, dass ich das nie wieder haben wollte. Ich glaube zutiefst in meinem Herzen, dass so ein Luxus den Charakter verdirbt, weil er an der Realität des normalen Lebens weit vorbeigeht.

Die Bruderschaft war der Ort, an dem ich lernte, über den eigenen „Tellerrand" zu schauen. Und nicht nur das, ich durfte den berühmten „Tellerrand" auch verlassen.

Ich ging ins Ausland – zuerst für ein halbes Jahr nach England zu den Anglikanischen Franziskanern in Hilfield. Viel später ging ich noch einmal für ein weiteres halbes Jahr dorthin und es blieb bis heute der Ort in meinem Leben, der immer ein Platz in meinem Herzen haben wird.

England

Ich fuhr nach Hamburg, um auf einem Containerschiff nach Rotterdam zu fahren. Das war mein Traum und die spannendste Reise meines Lebens. Ich betete um eine bewahrte Überfahrt. Schon in Hamburg war Nebel, und als wir aus dem Hafen ausliefen, sah ich nur Container. Ich durfte die ganze Zeit auf der Brücke sein, weil ich der einzige Fahrgast war. Eine Kabine hätte ich gar nicht buchen müssen. Es war faszinierend, auf der Brücke dieses Schiffes zu stehen. Ich konnte nur bis zum Bug schauen, dann kam die Nebelwand. Nichts als Nebel um uns herum. Alles wurde durch die Instrumente sichtbar gemacht, und der Steuermann manövrierte das lange Schiff durch die Elbe und dann auf die Nordsee. Ich sah weder Cuxhaven noch die Nordfriesischen Inseln. Alles war eingehüllt in dichten Nebel. Die Spannung auf der Brücke war geladen von Nervosität und Können.

Um Mitternacht löste der alkoholisierte 1. Offizier den Steuermann ab. Der gab sein Ruder mit einem fragenden Blick aus der Hand, schüttelte den Kopf und verließ die Brücke. Die Spannung stieg, und als wir von der Nordsee in das Landesinnere Hollands einbogen, kam der Kapitän auf die Brücke, schaute auf die Instrumente und verjagte den 1. Offizier vom Ruder. Um Haaresbreite hätte er das Schiff auf eine Sandbank gesetzt. Kein weiteres Wort wurde gesprochen. Der Kapitän blieb am Ruder und in Rotterdam verließ ich das Schiff. Während der Reise hatte ich Zeit mit dem Steuermann, dem 1. Offizier und dem Kapitän zu sprechen Wir sprachen über Gott und die Welt und vor allen Dingen darüber, wie man ein Schiff durch den Nebel oder Sturm mit Hilfe der Instrumente manövriert.

Natürlich war ich kein Paulus, hatte auch nicht das Bedürfnis, es zu sein, aber in solchen Situationen kommen mir Geschichten in Erinnerung, die ich mit dem vergleiche, was ich gerade erlebe. Paulus hatte die Besatzung eines Schiffes vor dem Untergang bewahrt. Sie hatten keine Instrumente, aber Paulus wusste, dass sie sicher ans Land kommen würden. Ich hatte diese Verheißung nicht. Aber kann Gott nicht auch so einen einfachen Mönch wie mich dazu bestimmen, auf eine Reise zu gehen, die schneller und einfacher mit der Bahn gewesen wäre, damit das Schiff vor dem Untergang gerettet wird? Wissen tue ich das nicht. Das Einzige, das ich in diesem Augenblick mit Paulus gemeinsam hatte, war der Beginn unserer Reise. Wir hatten für eine gute Überfahrt gebetet und Gott hatte es erhört.

Wenn wir die Zusammenhänge von Gebeten und Gottes Wirkungen nicht sehen oder glauben, dann übersehen wir vieles von dem, was er tut. Manchmal muss man die Brille der Gewohnheit abnehmen, um die Wirklichkeit des Handelns Gottes zu sehen. Das ist der Vorteil von Menschen, die mit Gott leben.

In Rotterdam stieg ich in den Zug in Richtung Victoria Station in London. Ich konnte kein Englisch, hatte aber eine innere Zuversicht, dass ich es bald lernen würde. Es gibt Dinge im Leben, die sind, obwohl es keinen Beweis dafür gibt. Sie sind da, und doch sind sie nicht zu sehen. Wir erleben sie im Weitergehen. Ich hatte eine englische Frage gelernt, hatte aber vergessen zu fragen, wie die Antworten heißen können. Als ich im Bahnhof Victoria-Station ankam ging ich zu einem Informationsschalter und warf meine englische Frage in die unbekannte Welt der Engländer: „When does the next train leave to Sherborne Abby?" („Wann fährt der nächste Zug nach Sherborne Abby?") Der freundliche Mann hinter dem Informationsschalter sagte etwas, was ich nicht verstand, nur die Uhrzeit: „At three o clock!" („Um drei Uhr.") Ich schaute auf meine Uhr und sah, dass es inzwischen kurz vor vier war. Ich bedankte mich höflich und war mir sicher, etwas falsch verstanden zu haben. Ich suchte mir eine andere Information, ging dort hin und fragte wieder: „When does the next train leave to Sherborne Abby?" „Oh", sagte er. „At three o'clock!" Ich war kurz vor dem inneren Zusammenbruch, bis mir glücklicherweise die Erleuchtung kam, dass die Engländer zeitmäßig eine Stunde hinter uns waren. Ich hatte Zeit genug, den Zug zu erreichen.

In Sherborne Abby wartete bereits ein Bruder auf mich, der mich nach Hilfield brachte. Er konnte ein paar Worte Deutsch; ich konnte kein Englisch. Ich nahm mir vor, sehr schnell Englisch zu lernen.

In Hilfield lernte ich eine ganz neue Art von Gemeinschaft kennen. Die Brüder waren fröhlich, entspannt und liebevoll zu allen Menschen, die zu ihnen kamen. Hilfield war ein Ort, an dem die Obdachlosen eine Nacht bleiben durften, eine Dusche hatten und etwas zu essen bekamen. Mittags um 11 Uhr wurde die Eucharistie gefeiert, und danach ging es zum Essen.

Der Gästebruder stand an der Tür zum Refektorium (dem Speisesaal in einem Kloster) und deutete jedem seinen Platz an. Plötzlich saß ich zwischen einem Bischof und einem Obdachlosen, der gerade ankam, sich mindestens schon drei Tage nicht gewaschen hatte und zum Himmel stank. Es fiel mir schwer, so einen Menschen zu lieben. Wie will ich aber Liebe lernen, wenn ich mich nur an die halte, die gut riechen? Ich bekam noch viele Möglichkeiten dazu, und Christsein und Lieben wurden für mich zu einer ganz neuen Realität.

Der Ordensgründer Franziskus hat in seinem Testament am Ende seines Lebens geschrieben, dass die Brüder „Kirchen und ärmliche

Wohnungen" haben sollen. Auch in Hilfield hielten sich die Brüder weitgehend daran, obschon es in der sich ständig wechselnden Gesellschaft nicht einfach ist, das rechte Maß an Armut zu leben. Die Brüder waren oft per Anhalter unterwegs, fuhren aber auch mit Bus und Bahn und hatten ein Auto. Eine ständige Herausforderung war es, die Balance zu halten zwischen dem Armutsideal und den Möglichkeiten, welche die moderne Gesellschaft bietet. Ich bewunderte die Brüder und ihren wirklich armen Lebensstil. Wenn sie so leben, schien es mir, ist es leichter, mit Menschen umzugehen, die aus den untersten sozialen Schichten kommen. Ihre Liebe zu diesen Menschen hat mich sehr oft beschämt, weil ich diese Liebe bei mir nicht spürte.

Für die Brüder war kein Mensch nicht liebenswert, auch dann, wenn sie mit viel Überwindung und Hingabe Menschen aufnahmen, die sich vorher hätten duschen sollen. Unter ihnen lebten ein paar Männer, die mit dem Gesetz in Konflikt geraten waren und nach Hilfield „verbannt" wurden, um hier ihre Strafe zu büßen und unter gesunden Bedingungen das Leben neu zu lernen. Die Brüder hatten auch ein paar Zimmer für Männer, die geistig behindert waren und mit ihnen lebten. Und auch ich war da. Ein Suchender, der mit dem, was er hier erlebte, eine ganz neue Dimension der Liebe Gottes erfuhr. Ich werde für diese Brüder immer einen Platz in meinem Herzen haben,

Eine meiner beeindruckendsten Begegnungen war die mit Bischof Bill Lash. Er war anglikanischer Bischof und hatte viele Jahre lang mit Mahatma Gandhi in dessen Ashram gelebt. Bill und ich wurden gute Freunde und er erzählte mir viel von seiner Zeit in Indien. Er verschwieg auch nicht, dass die Engländer keine gute Figur bei der Übergabe Indiens in ein geteiltes Indien gemacht hätten. Es ist bekannt, dass der Moslemführer Muhammad Ali Jinnah mit Gandhi keinen gemeinsamen Staat haben wollte, und so wurde durch einen englischen Geographen Indien im Norden geteilt. Der Norden wurde zu Pakistan und der Süden zu Indien. Furchtbare familiäre Situationen sind durch diese Teilung entstanden, und England hatte keine Lösung dafür. Gandhi ist an dieser Teilung fast verzweifelt.

Als ich nach einem halben Jahr England verließ, schenkte Bill mir einen selbstgewebten Kaschmirschal, den er selber in der oft zu kalten Kapelle trug. In den kalten Wintertagen lege ich ihn über meine Schultern, so wie es Bill gemacht hat. Dann denke ich an Indien, an Pakistan, an Gandhi und meinen Freund Bill, der inzwischen im Himmel ist und sich vielleicht mit Gandhi darüber freut, dass ich den Schal um meine Schultern trage.

1976 brachten Larry Collins und Dominique Lapierre das Buch „Um Mitternacht die Freiheit' heraus. Nach diesem Buch wurde später der Film „Gandhi" gedreht. Ein Buch, das jeder lesen sollte, wenn er an Gandhi oder Indien oder an die Engländer denkt.

Zurück in Gnadenthal war ich um eine wichtige Erfahrung in meinem Leben reicher geworden und hatte noch immer nicht gelernt, wie ich ungewaschene Tippelbrüder lieben kann. In Gnadenthal musste ich das auch nicht unbedingt können; wir hatten es hier mit etwas feineren Menschen zu tun. In meinem Herzen fühlte ich einen tiefen Schmerz, dass ich bestimmte Grenzen nicht überwinden konnte. Ich war ein Mann, der Jesus nachfolgen wollte, und nun wusste ich, dass ich nicht für alles bereit war. Ich war um eine Illusion ärmer geworden. Christsein bewährt sich in der Realität des gewöhnlichen Alltags, und da habe ich heftig versagt. Ich bin weder ein Franziskus noch ein Bill Lash. Ich konnte Jesus nur das geben, was mich ausmachte. Ich war ein suchender Mensch, der nichts mehr hatte, als seine Bereitschaft Gott zu dienen, wo er mich haben wollte.

Im Leben der Bruderschaft machte ich drei Versprechen bzw. Bindungen. Die erste Bindung besagt, dass ich mich berufen fühle. Die zweite Bindung sagt, dass ich glaube, berufen zu sein, und die dritte Bindung ist ein Gelübde, das einem Eheversprechen gleichkommt. Ich gelobe vor Gott und den Menschen, ein Leben lang ledig für den Herrn zu bleiben, weil ich jetzt weiß, dass ich zu diesem Leben berufen bin. Das nannten wir nach den alten Mönchsregeln die Profess, und dazu wird ein großes Fest gefeiert.

Für uns war die Profess nicht wie bei den Benediktinern, die damit auch an den Ort gebunden sind. Für mich war es vor allem eine Bindung, mit allem was ich war, an Gott. Egal wo ich mich eines Tages wiederfinde, ich habe mit diesem Schritt deutlich gemacht, dass ich ganz Gott gehöre. Ich hatte Gäste aus England und Frankreich und viele aus Deutschland eingeladen, die mich durch meine

Arbeit in Gnadenthal kannten. Auch meine Mutter kam, und ich erzählte ihr von meinem Glück, dass sie mir als Elfjährigem das Buch
über Sebastian Frank gegeben hatte, mit dem ich meine Berufung
und mein Glücklichsein gefunden hatte. Sie war ein Teil meiner Berufung, die ich im Leben als Bruder gefunden hatte und die mich
sichtlich glücklich gemacht hat.

Zwei Jahre nach der Profess ging ich vier Jahre lang nach Israel.
Das heißt, ich ging nicht aus freien Stücken, sondern wurde dorthin
gesandt. Eigentlich wollte ich da nicht hin. Ich hatte meine eigenen
Vorstellungen vom Heiligen Land, von Golgatha und den Juden,
von den Pharisäern und den Sadduzäern. Ich befürchtete, dass die
Wirklichkeit mit dem, was ich durch die Bibel als Vorstellung hatte,
nicht übereinstimmen würde. Und ich hatte Recht. Die Welt hatte
sich verändert. Israel war ein anderes Land geworden, und an den
meisten Orten, an denen Jesus gewirkt hatte, standen jetzt Kirchen,
und ich musste Eintritt bezahlen, um den Raum betreten zu dürfen.

KAPITEL 3

El Al

In Israel landen die Flugzeuge auf dem Boden des modernen Staates Israel und zugleich im Heiligen Land. Was das bedeutet, versteht der Reisende nur durch die Verheißungen in der Bibel.

Israel

Am 14. Januar 1978 um 10.10 Uhr ging es mit El Al[1] nach oben und um 15 Uhr berührte ich israelischen Boden. Natürlich war ich aufgeregt. Jetzt war ich in dem Land, in das ich nicht wollte. Die Brüder der Jesus-Bruderschaft holten mich vom Flughafen ab und brachten mich nach Jerusalem.

Es war inzwischen dunkel geworden und ich konnte nur ahnen, wo wir uns gerade befanden. Vorbei ging es am Kloster Latroun und schon bald kamen wir zum *Bab-el-Wad,* oder auf Hebräisch *Shar Haggai* (שער הגיא), was so viel wie „Tor zum Tal" bedeutet. Es ist ein Teilstück der Staatsstraße 1, die vom Mittelmeer nach Jerusalem hinaufführt. Dieses Straßenstück spielte eine wichtige Rolle im Befreiungskrieg von 1948 und liegt zwei Kilometer östlich von Latroun. Es ist der Eingang zum Wadi Imam Ali, einem sechs Kilometer langen, engen Trockental, das links und rechts von hohen Felswänden und Steilhängen gesäumt ist. Das ergab die Möglichkeit, die Straße mit geringen militärisch Kräften zu blockieren.

Am 20. April 1948 gelang zum letzten Mal einem Konvoi der Juden der Durchbruch nach Jerusalem. Von da an sperrten die Araber

---

[1] „Nach oben, zu Gott hin" (Israels Fluggesellschaft).

die Straße durch große Felsbrocken. Als es den Israelis nach der Unabhängigkeitserklärung schließlich gelang, die Araber von Babel-Wad zu vertreiben, war trotzdem kein Durchkommen möglich. Die Engländer hatten die Polizeistation Latroun bei ihrem Abzug an die Arabische Legion übergeben. Nun war die Straße von Latroun aus blockiert. Erst als kurz vor dem Waffenstillstand 1948 die Burma-Straße als Umgehungsstraße von den Israelis gebaut wurde, konnte Jerusalem am 9. Juni 1948 wieder mit Fahrzeugen erreicht werden. Da diese Straße heimlich gebaut werden musste, um die palästinensischen Araber, die das verhindern wollten, zu täuschen, wurde meistens nachts gebaut. Viele junge Juden aus Jerusalem arbeiteten sich durch unwegsames Gelände, und manchmal waren sie fast in Reichweite der arabischen Granatwerfer. Die Israelis haben sich in dieser Zeit viele Taktiken ausgedacht, um die Araber abzulenken. Die treibende Kraft zum Bau dieser Straße war der Oberst der US-Armee, David Marcus, der später vom ersten israelischen Staatspräsidenten David Ben Gurion zum General befördert wurde.

Der Bau der Burma-Straße war für mich ein Beweis, dass der junge Staat Israel etwas erreichen konnte, weil seine Bürger genug Leidenschaft hatten. Die Israelis hatten und haben diese Leidenschaft für ihr Land. Das stellten sie später in vielen Kriegen unter Beweis. Doch Leidenschaft allein reicht nicht. Es braucht auch Gottes Wirken, wenn unsere menschlichen Möglichkeiten nicht mehr ausreichen. So haben sie viele Wunder Gottes erlebt.

Und nun war ich hier und fuhr mit den Brüdern hinauf nach Jerusalem. Ich hatte das Buch „O Jerusalem" von Larry Collins und Dominique Lapierre gelesen. In diesem Buch wird die ganze Tragik der Auseinandersetzung zwischen den Israelis und den Palästinensern beschrieben. Ich sah die vielen Wracks von selbstgebauten Militärfahrzeugen, die den Weg nach Jerusalem hinauf säumten. Sie sind bis heute Zeitzeugen und Erinnerung an einen sinnlosen Krieg, der von beiden Seiten mit viel Blut bezahlt wurde. Später sollte ich die Wracks noch oft bei Tageslicht sehen.

Der schwelende Konflikt zwischen Israelis und Palästinensern war die Atmosphäre, in der wir Brüder lebten. Es war spannend, beeindruckend, leidvoll und dramatisch.

Die ersten zwei Jahre lebte ich in Jerusalem, mitten in der Altstadt in der Propstei der Evangelischen Kirche von Jerusalem. Der
damalige Propst hatte uns als Kommunität eingeladen. Einer unserer
Brüder wurde Hausmeister, ein anderer Geschäftsführer des Hotels,
das zur Kirche gehörte. Dazu gehörten drei Schwestern unserer
Bruderschaft, die in Bethlehem eine Wohnung fanden. Als deutsche
Brüder und Schwestern in Israel zu leben, war an sich schon eine
emotionale Herausforderung. Deutsche in Israel tragen die Geschichte der Nazizeit immer im Gepäck. Auch die, die zur Nazizeit
noch nicht gelebt haben. Wir waren Deutsche und somit auch die
Vertreter einer Nation, die unsägliches Unglück über die Juden gebracht hatte. Erstaunlich für mich war es, dass wir von Seiten der
Israelis nie beschimpft wurden. Im Gegenteil, wir wurden immer
sehr herzlich und fair behandelt.

Ich lebte mit drei Brüdern der Gemeinschaft in den alten Gemäu-
ern der Propstei. Die Geschichte unserer Wohnung war voller Ero-
tik. Es waren die Räume des Harems von König Saladin, der den
Titel al-Malik an-Nasir – der siegreiche Herrscher – trug und im
Kampf mit den Kreuzfahrern eine wichtige Rolle gespielt hatte, indem er sie besiegte.

Nun lebten hier Mönche im ehemaligen Harem. Manchmal er-
schienen mir die hübschen Frauen im Traum, die sich im Harem für
ihren König zurechtmachten. Dass wir ledigen Brüder ausgerechnet
hier leben mussten, war eine gewisse Kuriosität. Harem und
Mönchstum. Der Mensch wächst mit seinen Aufgaben.

Die Erlöserkirche hat einen Turm, der zur Aussicht über Jerusalem einlädt. Am Eingang der Kirche wurden die Eintrittskarten dafür verkauft. Am Kartenschalter, einem einfachen Tisch, saß meistens einer von uns Brüdern. So bekamen wir einen natürlichen Kontakt zu vielen palästinensischen Jungen, die in der Stadt Pfeifen und
Trommeln an die Touristen verkauften. Sie hatten Vertrauen zu uns
Brüdern. Manchmal rief einer der Jungs durch den Muristan, die
Straße, an der die Kirche steht: „Beladije!" Es war ein Warnschrei.
Dann flog die Kirchentür auf und zehn Plastikbeutel landeten vor
unseren Füßen. Wir sammelten sie auf, taten sie in unseren Schrank
und setzten uns wieder ahnungslos an unseren Tickettisch. Kurze
Zeit später kam jemand von der Beladije, der Stadtverwaltung, und

schaute bei uns rein. Er suchte diese Plastikbeutel, die wir versteckt hatten. Nachdem er sich umgeschaut hatte und nicht fand, was er suchte, verschwand er wieder. Eine Viertelstunde später kamen die Jungen und holten ihre Plastikbeutel wieder ab, in denen sie ihre Pfeifen und Handtrommeln hatten. Sie strahlten uns an und gingen wieder. Manchmal kamen sie auch, um Hartgeld in Scheine zu wechseln, das sie später bei den Geldwechslern umtauschen konnten. Diese Jungen kamen alle aus sehr armen Familien. Sie lebten am Rande von Jerusalem in ihren Dörfern.

Zu Beginn unserer Zeit in Jerusalem hatten wir es überwiegend mit palästinensischen Christen zu tun. Durch sie kamen wir in Kontakt mit arabischen Christen in Ramallah.

Diese Menschen litten unter der politischen Situation schwer. Sie weinten oft und wanderten schließlich, bis auf wenige, alle in die USA aus. Die USA war für sie das Land, in dem sie als freie Bürger leben konnten. Da viele ihrer Verwandten schon dort waren und die Immigration relativ einfach war, war es leicht für sie, dort Fuß zu fassen. Wenn die Welt die ausweglose Situation der Palästinenser verstehen will, muss sie das oben erwähnte Buch „O Jerusalem" lesen. Dieses Buch ist nicht polemisch. Es zeigt mit viel Einfühlungsvermögen und Kenntnis die damalige Situation. Nur so versteht man die Entscheidungen der christlichen Familien, warum sie eine nach der anderen ihre Heimat verlassen haben. Wir Brüder haben versucht, ihnen zur Seite zu stehen und den Abschied erträglich zu machen. Viele haben uns ihre Geschichte erzählt, und es tat ihnen gut, dass jemand da war, dem sie es erzählen konnten.

Ich fuhr zwei Jahre lang jeden Donnerstag nach Ramallah und hielt in einem christlichen Heim für Jungen, die keine Eltern hatten oder nicht wussten, wo die Eltern geblieben sind, eine Jugendstunde. Es waren überwiegend Jungen aus einem christlichen Hintergrund, die aber keine Bindung an eine christliche Kirche hatten. Die Kinder wuchsen in diesem Heim mit einer christlichen Erziehung auf. Da spielte es keine Rolle, wenn ein Junge aus einem moslemischen Hintergrund kam. Sie alle waren dankbar, in dem Heim liebevolle Zuwendung zu bekommen, mit der Aussicht auf ein besseres Leben. Alle Jungs im Alter von fünf bis achtzehn Jahren waren in einem Raum. Da ich nur Englisch konnte, musste mich einer der älteren Jungen übersetzen. Das ging erstaunlich gut. Mein Ziel war, den Jungen Hoffnung zu machen, ihnen einen Weg zu zeigen, der auch in ihrem sehr begrenzten Leben noch einen Funken der Hoffnung bewahrte.

Eines Tages kam ich in das Heim und ein kleiner Junge, Toni, dessen Mutter Palästinenserin war und dessen Vater aus Sierra Leone stammte, die aber beide nicht mehr für die Jungen aufkommen konnten, kam zu mir und sagte: „Bruder, ich möchte wirklich an Jesus glauben!" Toni war acht Jahre alt. Zuerst war ich etwas überfordert, dann aber sagte ich: „Das ist ja super, und wie willst du das machen?" Er schaute mich mit seinen großen Kinderaugen an und sagte: „Das weiß ich nicht, aber du weißt das!" Nach einer Sekunde der vollkommenen Überforderung kam es aus mir heraus: „Ja, ich weiß es. Du musst zuerst Jesus deine Sünden bekennen, dann vergebe ich sie dir im Namen Jesu und spreche dir anschließend den Heiligen Geist zu!" Er packte meine Hand und ging mit mir in die Brotkammer des Heimes, was streng verboten war. Es war der beste Ort für dieses wunderbare Ereignis. Ohne zu zögern kniete Toni sich nieder und bekannte seine Schuld. Ich weinte. Das hatte ich noch nie erlebt. Das, was dieser Junge beichtete, war alles andere als das, was ich schon alles auf dem Kerbholz hatte. Er war acht Jahre alt und hatte nichts Böses getan. Aber es war echt, sehnsuchtsvoll und ehrlich. Unter Tränen vergab ich ihm seine Schuld im Namen Jesu und segnete ihn mit dem Heiligen Geist. Heute ist Toni ein erwachsener Mann, hat Familie und lebt noch immer mit Jesus in Israel.

Ich saß im Vorraum der Kirche an der Kirchentür und es regnete. In England würde man zu diesem Regen sagen: Es regnet Hunde und Katzen. Und dann kamen sie, die Jungs. Vier Jungs bis auf die Unterhose nass und frierend. Wir hatten im Vorraum der Kirche Heizkörper, und da bei solch einem Wetter keine Touristen kamen, um auf den Turm zu steigen, verwandelte ich den Vorraum in einen Wäschetrockner. Dann sagte ich den Jungen, sie sollten sich an die Heizung setzen und auf mich warten. Ich holte die Gitarre und etwas warmen Tee. Arabische Jungen singen gerne, und ich brachte ihnen das Lied „Halleluja, preiset den Herrn" bei. In fünf Sprachen. Und wir sangen. Dann erzählte ich ihnen von Jesus und nahm sie in ihren Unterhosen mit in die Apsis der Kirche, dem östlichen Abschluss des Kirchenraumes. Oben in der Kuppel hatten wir ein Jesus-Bild mit dem Mona-Lisa-Blick. Ich stellte die vier Jungs einzeln in die vier Himmelsrichtungen und fragte sie, wohin Jesus nun schaue. Da sie alle gleichzeitig „Zu mir!" riefen, gab es einen kleinen Tumult, weil alle rumrannten und schauen wollten, ob jeder die Wahrheit gesagt hatte. Dann erklärte ich ihnen das Bild und die besondere Art Jesu, dass er immer den einzelnen Menschen anschaut, weil er sie lieb hat. Am nächsten Tag liefen sie wieder mit getrockneten Sachen durch die Straßen, verkauften ihre Trommeln und Pfeifen und sangen Halleluja!

In Jerusalem hatte ich die Möglichkeit, Sprachen zu lernen. Zuerst lernte ich in einem Ulpan-Kurs Hebräisch. Ein Ulpan, (hebräisch אולפן) ist ein intensiver Hebräisch-Kurs. Ulpan bedeutet Unterricht. Es werden wichtige Grundkenntnisse vermittelt, um sich schnell auf Hebräisch verständigen zu können. Dabei lernte ich lesen und schreiben. Also ging ich dorthin und lernte mit acht verschiedenen Nationen das moderne Hebräisch. Faszinierendes Model! Die Lehrerin kam herein und sagte: „Boker tov!", und alle wussten, dass es „Guten Morgen" heißt. Alles wurde in Hebräisch erklärt und wir versuchten zu verstehen. Dieses System der Sprachvermittlung funktioniert dann am besten, wenn ich es im täglichen Leben praktiziere. Da ich es aber in der Kommunität nicht üben konnte, wurde es ein aussichtloses Unterfangen. Später absolvierte ich den gleichen Kurs in Englisch und bekam ein Zertifikat, mit dem ich ab diesem Zeitpunkt in jeder amerikanischen Universität hätte studieren können. Es war die Grundlage für meine spätere Aufgabe in Uganda, von der ich damals nicht einmal etwas ahnte.

Jerusalem ist keine Stadt wie jede andere. In ihr ist das Leben anders als in London, Berlin, New York, Sidney, Tokio oder Beijing. Jerusalem ist die Stadt Gottes. Sie hat in ihren Straßen normale Verkehrsregeln und Polizisten. Es gibt gute und weniger gute Menschen dort und ganz viele, die ihre Religiosität durch ihre Kleider zeigen. Es gibt Hektik und ganz ruhige Plätze und ganz viel Gehupe von den Autos. Und trotz dieser Normalität gibt es etwas, das ich in einem hebräischen Sprichwort gefunden habe:

„Schönheit und Glanz wurden von Gott in zehn gleiche Teile aufgeteilt. Neun Teile der Schönheit und des Glanzes gab er Jerusalem und einen Teil dem Rest der Welt. Leid und Trauer dieser Welt wurden von Gott in zehn gleiche Teile aufgeteilt. Neun gab er Jerusalem und einen Teil dem Rest der Welt."

Das ist Jerusalem. Wo gebaut wird, sieht man die architektonische Schönheit. Alle Fassaden sind aus dem Jerusalemer Kalkstein gemacht. Das gibt der Stadt einen fast goldenen Glanz. Und auch das Leid bleibt dem Besucher nicht verborgen. Über der Stadt liegt die Last der Religionen, der Kulturen und der Unmöglichkeit, alle gleichermaßen am Glanz der Stadt zu beteiligen. Es gibt viele arme und blinde, zerlumpte und resignierte Menschen. In der Luft liegen Angst und Schrecken vor dem nächsten Terrorangriff. Hätte Jerusalem zwei Augen, würde immer das eine lachen und das andere weinen.

Zur damaligen Zeit war Israel für mich ein Land der Straßensperren. Wenn wir von Ramallah nach Jerusalem fuhren oder von Jerusalem nach Ramallah, dann mussten wir verschiedene Straßensperren durchfahren. Fuhren wir ans Tote Meer, waren auch da Straßensperren. Das Leid, das über Jerusalem verteilt wurde, wurde hier sichtbar. Für Menschen aus dem palästinensischen Gebiet war es nicht erlaubt, ans Rote Meer zu fahren. Die Angst vor terroristischen Anschlägen war überall zu spüren, und das auch nicht ohne Grund. Aber die jungen Männer, die aus Ramallah zu uns kamen, waren keine Terroristen und hatten Frieden im Herzen und lebten dafür.

Am Roten Meer gibt es eine Stelle, da sind die Korallen am schönsten, eine kleine Bucht hinter einem Hügel ein paar Kilometer vor Taba. Es war ein Geheimtipp, und wir Brüder fuhren gern dorthin. Ich wollte mit sechs Jungen aus Ramallah ans Rote Meer fahren. Sie sollten etwas von Gottes Schöpfung sehen, was dem natürlichen Auge verborgen ist. Gottes Großzügigkeit in Formen und Farben auch da, wo sie keiner sehen kann, es sei denn, man taucht im Roten Meer. Wir besorgten uns Schnorchel und Tauchermasken. Da ich mit meinem Bart etwas jüdisch aussah, saß ich am Steuer, hatte mir noch einen Hut aufgesetzt und zeigte mich so an den Straßensperren. Fünf Sperren mussten wir überwinden, und die Spannung von Sperre zu Sperre stieg. Langsam fuhren wir heran. Man kann einen orientalischen Juden und einen Palästinenser leicht verwechseln. Der junge Soldat schaute mich an, schaute ins Auto und ließ uns fahren. Dann noch einmal, und als wir die fünfte Sperre hinter uns hatten, atmeten wir erleichtert auf und bauten unsere mitgebrachten Zelte auf. Die Jungs und ich waren begeistert von dem, was wir sahen: eine zauberhaft bunte Welt unter dem Wasser. So schön hat Gott diese Welt gemacht, eben auch da, wo es normalerweise keiner sehen kann.

Horeb

Wer in Jerusalem lebt, hat das Gefühl der Gottesgegenwart. In der Stadt herrscht Hektik, man sieht Soldaten, fromme Juden und viele Moslems. Ständig spürte ich die Anspannung zwischen den Religionen und versuchte, eine wohlwollende Haltung allen gegenüber zu haben. Es ist aber nicht nur die Spannung zwischen den Religionen zu spüren, sondern auch zwischen den unterschiedlichen Traditionen der Kirchen. Je älter die Kirchen sind, desto demonstrativer ist ihr Verhalten. Wenn der griechische Patriarch durch die Straßen der Altstadt geht, gehen zwei in alter Uniform livrierte Männer vor ihm her und klopfen mit Stangen auf die Erde, damit alle anderen dem Patriarchen Platz machen. So macht es auch der armenische Patriarch und der römisch-katholische. Irgendwann hat jeder die Nase voll davon und möchte nur noch weg, weil das alles mit dem, was Jesus dort gelebt hat, nichts zu tun hat.

Hin und wieder wurde es auch uns zu viel; wir brauchten Ruhe und Raum, um uns neu orientieren zu können. Dazu fuhr ich mit Bruder Jakob in den Sinai. Damals war die Sinai-Halbinsel noch von den Israelis besetzt, und wir konnten die 500 Kilometer unbeschadet am Rand der Negev-Wüste nach Eilat und weiter am Golf von Akaba entlangfahren. Kurz nach Nuweiba ging es Richtung Westen und die Piste wurde wie ein Waschbrett. Wir versuchten, ganz langsam zu fahren, und es klapperte so stark im Auto, dass wir dachten, jede Schraube am Auto zu verlieren. Dann gaben wir Gas und mussten befürchten, dass sich die Stoßdämpfer des Autos verabschiedeten.

In der Nähe des Katharinen-Klosters ließen wir unser Auto stehen, übergaben es einem Beduinen, der für genügend Geld darauf achtete, dass wir es nach unserer Rückkehr noch hatten. Mit Rucksack und

Schlafsack stiegen wir morgens um fünf Uhr auf den Berg, auf dem Mose von Gott die zehn Gebote empfangen hatte. Der Mann Mose musste fit gewesen sein. Der Anstieg war für mich die reine Qual. Untrainiert und zu dick. Das, was mich wirklich motivierte, war die Tatsache, dass dieser Berg ein Gottesberg ist. Mose war Gott hier begegnet, und diese Spuren der Vergangenheit liegen noch immer in der Luft, die den Berg umhüllt. Zwischendurch ruhten wir uns aus und blieben stehen, erspürten die Einmaligkeit dieses Augenblickes und mit jedem Schritt nach oben auf den 2.285 m hohen Gipfel kamen wir dem Geheimnis der Gottesgegenwart näher. Wenn wir Glück hatten, würden wir oben einen fantastischen Sonnenaufgang erleben. Danach wurde es heiß bis zur Unerträglichkeit.

Wir hatten geplant, fünf Nächte auf dem Gipfel zu verbringen, den Berg von den weggeworfenen Flaschen und Papieren der Touristen sauber zu halten. Jeden Tag pilgerten Touristen dem Sonnenaufgang entgegen. Manche hatten Glück, manche waren nur erschöpft und sahen im Abstieg die nächste Strapaze. Wenn sie alle weg waren, waren wir allein.

Es gibt dort oben eine kleine Hütte, die wir nachts als Unterschlupf benutzten. Nachdem die Touristen weg waren, blieb jeder von uns für sich allein, betete, schlief und schaute und wartete auf eine Begegnung besonderer Art mit Gott. Keiner von uns war Mose. Wir bekamen keine Tafeln, aber wir spürten die Gegenwart Gottes und waren dankbar dafür.

Ich liebte dort oben die Elia-Mulde. Der Ort, wo Elia hinter Gott herschauen durfte. Die Bibel berichtet diese Geschichte: *„Und dort kam er zu einer Höhle, und er übernachtete dort. Und sieh, da erging an ihn das Wort des Herrn, und er sprach zu ihm: Was tust du hier, Elija? Und er sprach: Ich habe wahrlich geeifert für den Herrn, den Gott der Heerscharen! Denn die Israeliten haben deinen Bund verlassen, deine Altäre haben sie niedergerissen und deine Propheten haben sie mit dem Schwert umgebracht. Und ich allein bin übriggeblieben, sie aber haben danach getrachtet, mir das Leben zu nehmen. Da sprach er: Geh hinaus und stell dich auf den Berg vor den Herrn! Und sieh – da ging der Herr vorüber. Und vor dem Herrn her kam ein großer und gewaltiger Sturmwind, der Berge zerriss und Felsen zerbrach, in dem Sturmwind aber war der*

Herr nicht. Und nach dem Sturmwind kam ein Erdbeben, in dem Erdbeben aber war der Herr nicht. Und nach dem Erdbeben kam ein Feuer, in dem Feuer aber war der Herr nicht. Nach dem Feuer aber kam das Flüstern eines sanften Windhauchs. Als Elija das hörte, verhüllte er sein Angesicht mit seinem Mantel. Dann ging er hinaus und trat an den Eingang der Höhle. Und sieh, da sprach eine Stimme zu ihm: Was tust du hier, Elija? "[2]

Ich stand im Eingang dieser Höhle. Da war kein Sturm, kein Feuer und auch nicht das Flüstern eines sanften Windes, aber Er war da. Gott hat gesagt, dass er sich finden lässt, wenn wir ihn suchen. Er zeigt sich immer anders, als wir es denken oder wünschen. Er zeigt sich immer so, dass es für den Augenblick richtig ist, und mir zeigte er seine Gegenwart dadurch, dass ich ihn spürte. Ich kann das Erleben der Gottesgegenwart nicht mit Worte beschreiben. Das ist ein Geschehen, bei dem es keinen Zweifel gibt. Ich kann es nicht festhalten oder erklären.

Als wir vom Berg wieder herunterkamen, mussten wir unser Angesicht nicht verhüllen. Alles war ganz normal und auch unser Auto war noch da. Der Horeb ist nicht einfach nur ein hoher Berg. So wie Jerusalem nicht eine gewöhnliche Großstadt ist. Der Horeb hat Geschichte, Gottes Geschichte. Wer dort oben länger bleibt, ist angerührt von dem, was dort geschehen ist, auch wenn er nichts davon sehen kann. Wir waren von der Gottesgegenwart berührt. So sind wir anders nach Jerusalem zurückgefahren, als wir hergekommen waren. Gotteserfahrung verändert den inneren Menschen, und diese Erfahrung tragen wir mit uns.

Der 31. Oktober ist mein Geburtstag. 1978 wurde ich 32 Jahre alt, und dieser Termin war gleichzeitig der Anlass des 100-jährigen Bestehens der Erlöserkirche. Kaiser Wilhelm war tot, aber seine Majestät und Kaiserliche Hoheit Prinz Louis Ferdinand von Preußen und seine zwei Söhne kamen nach Jerusalem. Ich hatte die ehrenvolle Aufgabe, seine Kaiserliche Hoheit zu begleiten und zu fotografieren. Nach dem Fest machte ich zwei Tage mit seiner kaiserlichen Hoheit und seinen beiden Prinzensöhnen eine Pilgerfahrt durch das Land.

---

[2] 1. Könige 19,9-13

1878 war die Einweihungspredigt über den folgenden Vers gehalten worden: „*Denn es ist ein Gott und ein Mittler zwischen Gott und den Menschen, nämlich der Mensch Christus Jesus, der sich selbst gegeben hat für alle zur Erlösung, dass solches zu seiner Zeit gepredigt würde.*"[3]

Wie gerne hätte ich über diesen Vers gepredigt und den Menschen gesagt, dass die Erlösung möglich ist. Nicht durch Heer oder Kraft, aber durch die Versöhnung in Jesus. Jerusalem, du brauchst das! Israel, du brauchst das! Wir Menschen brauchen das. Versöhnung ist der Schlüssel zu einem hoffnungsvollen Leben in der Zukunft. Aber ich durfte es nicht. Noch nicht. Jetzt durfte ich nur den Jungen in Ramallah Hoffnung machen. Vielleicht werden sie eines Tages diese Erlösung leben.

Im nördlichen Seitenschiff war vor 100 Jahren diese Bauinschrift eingelassen worden:

Im Namen Gottes des Vaters und des Sohnes und des Heiligen Geistes. Amen! Unserem Herrn Jesus Christus, dem Erlöser der Welt, geweiht ist dieses Gotteshaus, errichtet da, wo einst die von dem ritterlichen Orden St. Johannis vom Spital zu Jerusalem erbaute Kirche St. Maria sich erhob. Durch Jahrhunderte lag die Stätte in Schutt und Trümmern, bis sie im Jahre 1869 nach des Herrn Geburt von dem Kaiser der Osmanen dem Könige von Preußen, nachmaligen deutschen Kaiser, Wilhelm dem Großen, geschenkt und für allerhöchstdenselben von dem Kronprinzen Friedrich Wilhelm, nachmaligen Kaiser Friedrich III., in Besitz genommen wurde. Auf Befehl des deutschen Kaisers und Königs von Preußen, Wilhelm II., ist diese Kirche in den Jahren 1893 bis 1898 erbaut und am 31sten Tage des Oktobermonats 1898 in allerhöchstdessen und der deutschen Kaiserin und Königin von Preußen, Auguste Victoria Gegenwart ihrer heiligen Bestimmung übergeben.

Und nun stand ich hier mit dem Enkel von Kaiser Wilhelm II. und seinen beiden Urenkeln. Ich hatte auf dem Weg von Latroun hinauf nach Jerusalem immer wieder laut zu mir selber gesagt: „Kaiserliche

---

[3] 1. Timotheus. 2,5f.

Hoheit." Das musste ich üben. Das kommt nicht von allein über die Lippen, und dann dachte ich, ob ich nun Herr Müller oder Herr Preußen sage oder eben kaiserliche Hoheit, ist alles nur eine Frage der Gewohnheit.

Es wurden zwei sehr schöne Tage mit seiner kaiserlichen Hoheit. Er war ein sehr liebevoller und bescheidener Mann. Wir fuhren mit der „Staatskarosse" des Propstes und erreichten alle heiligen Stätten und lasen dort aus dem Buch von Mutter Basilea Schlink, der Gründerin der Marienschwestern in Darmstadt, die Beschreibung dieser heiligen Stätte. Ich fühlte mich wirklich geehrt, so nahe an dem Mann sein zu dürfen, der der Kaiser gewesen wäre, hätten wir noch eine Monarchie gehabt.

Als der „Kaiser" wieder zurück nach Deutschland flog, gab es Bombenalarm am Jaffa-Tor. Dieses Tor hatte 100 Jahre zuvor für Wilhelm II., der als erster westlicher Herrscher der Neuzeit nach Jerusalem kam, durchbrochen werden müssen, damit er hoch zu Ross hineinreiten konnte. Seine Größe und Pickelhaube auf dem Kopf waren für das zu niedrige Tor für einen aufrechten Ritt nicht geeignet gewesen.

Ich rannte zum Jaffa-Tor, wollte sehen, was da los war. Wie dumm muss ein Mensch sein, eine explodierende Bombe sehen zu wollen? Ich war nicht der Einzige. Es waren Hunderte von Schaulustigen dort. Was wollten wir sehen? Die Soldaten hatten größte Mühe, uns zurückzudrängen. Wir hätten alle tot sein können. Sie warfen schließlich eine Handgranate in das Gepäckstück auf dem Rasen. Wenn da wirklich eine Bombe drin gewesen wäre, hätte ich sehr wahrscheinlich dieses Buch niemals geschrieben. Aber so gab es nur einen erbärmlichen Knall und alle gingen wieder nach Hause.

Jerusalem, die Stadt des großen Königs! Jerusalem, die Stadt, die neun Teile des Leides und der Trauer bekommen hat.

Noch einmal England

Kurz vor Weihnachten verließ ich Jerusalem und flog nach England zu den Franziskanern. Es war mein Wunsch, eine längere Zeit mit meinem Seelsorger zu verbringen. Die bruderschaftliche Situation in Israel hatte sich verändert. Durch den Einfluss einer amerikanischen

Bruderschaft waren Umstrukturierungen geplant. Ich konnte das nicht mittragen, lebte aber im Gehorsam gemäß meiner bruderschaftlichen Bindung. Darum bat ich, noch einmal nach England gehen zu dürfen.

Ich hätte nie damit gerechnet, nach zwei Jahren Israel wieder in England sein zu dürfen. Ich freute mich wie ein kleiner Junge, der ein erträumtes Spielzeug zu Weihnachten geschenkt bekam. Hier hatte ich meinen Seelsorger. In Brother Bernard von den anglikanischen Franziskanern hatte ich jemanden gefunden, der meine Seele verstand. Solche Menschen durfte ich nicht verlieren oder aufgeben! Es war ein Geschenk für mich, diesen erfahrenen Seelsorger zu kennen und mit ihm über mein Leben zu sprechen. Er sagte mir nie, was ich tun sollte.

Er gab mir keinerlei Ratschläge. Er hörte zu und stellte mir Fragen und oft erzählte er mir seine Erfahrungen, die er mit Jesus im Gebet gemacht hatte. Er nahm mich auf eine innere Reise mit, in der ich erkennen konnte, was gut ist, was richtig ist und was ich noch lernen konnte. Er hat auch oft von seinen eigenen Schwachheiten gesprochen und hat mir dadurch eine große Herzensweite gezeigt. Ich lernte bei ihm, dass sowohl die „guten" als auch die „schlechten" Seiten zu einem Menschen gehören.

Einmal erzählte er mir die Geschichte von den zwei Wölfen: Ein alter Indianer erzählte seinem Enkel von einer großen Tragödie, die sich vor langer Zeit in seinem Leben ereignet hatte. Er sagte ihm: „Diese Tragödie beschäftigt mich heute noch – nach vielen Jahren." Der Enkel fragte: „Was fühlst du, Großvater, wenn du heute an diese Tragödie denkst?" Der Alte antwortete: „Es ist, als ob zwei Wölfe in meinem Herzen miteinander ringen. Der eine Wolf ist rachsüchtig und gewalttätig, der andere ist großmütig und liebevoll." Nun fragte der Enkel: „Welcher Wolf wird den Kampf in deinem Herzen gewinnen?" Der Alte antwortete: „Der, den ich füttere!"[4]

Da waren sie wieder, die zwei Wölfe in mir. Mein Leben ist davon geprägt. Ein Leben lang versuche ich, den richtigen zu füttern. Der rachsüchtige und gewalttätige Wolf muss mich ans Kreuz Jesu treiben. Da kann ich umkehren, mich korrigieren und wieder den guten Wolf in mir füttern.

---

[4] Quelle unbekannt

Bernard hatte eine ganz besondere Art, mit Menschen umzugehen. Es war immer etwas Feines, Wertschätzendes und auch etwas
Distanziertes in seinen Begegnungen mit den Leuten, die ins Haus
kamen. Aber durch ihn habe ich gelernt, die Menschen wirklich zu
lieben, indem ich sie so akzeptiere, wie sie sind. Veränderung
kommt nicht durch den erhobenen Zeigefinger oder eine geistliche
Moralpredigt. Veränderung geschieht im Herzen durch Liebe, An-
nahme und Respekt. Und ich muss den Menschen ihre Verantwortung für sich selber nicht abnehmen. Jeder darf lernen, Verantwortung für sich selber zu tragen.

Ich war wieder in Hilfield und freute mich auf Weihnachten bei
den Brüdern. Es war ein Fest. Viele Menschen waren eingeladen
und feierten nach dem sehr schönen und liturgischen Gottesdienst in
der Kapelle den Heiligen Abend mit uns.

Die Brüder haben Humor. Nach Weihnachten musste ich nach
London; ich wollte dort für einen syrisch-orthodoxen Jungen eine
Kaschuni-Bibel kaufen. Das ist eine Bibel, in der man mit arabischen Lettern aramäisch liest. Da ich kein bzw. nur sehr wenig Geld
hatte, ermutigten mich die Brüder, per Anhalter zu fahren. Sie steck-
ten mich in eine schwarze Priestersutane, weil ich so besser mitgenommen würde, und brachten mich an die Hauptstraße nach London. Es dauerte nicht lange und ein Auto hielt. Ich fragte den ver-
dutzten Fahrer, ob ich bis London mitfahren könne. Er musterte
mich von oben bis unten und sagte: „Please come in, Father!" („Bitte, steigen Sie ein, Pater!" Ich fühlte mich in meiner Verkleidung
nicht wohl, aber es hatte funktioniert. Später erzählte mir der Fahrer,
dass ich in der aufgehenden Sonne stand und er von weitem nur ein
Kleid gesehen hatte. Er wollte die junge Frau mitnehmen und nun
sitze hier ein Priester neben ihm. Weil er so ehrlich war, lüftete auch
ich mein Geheimnis und wir hatten eine gute Zeit miteinander.
Wahrheit macht den Menschen frei!

Hätte ich diese Aufmachung nicht gehabt, wäre ich auch nicht im
Britischen Museum in den Raum gekommen, wo ich eine Kaschuni-
Bibel sehen durfte. Da ich weder arabisch noch aramäisch sprechen
konnte, streichelte ich sehr salbungsvoll einmal über die Seiten,
blätterte ein wenig hin und her, bedankte mich höflich und verließ

das Britische Museum. Ich konnte diese Bibel auch in den besten Bibelgeschäften nicht kaufen. Es gab sie nicht mehr. Schade.

Jetzt ging es zurück nach Hilfield im Südwesten von England. Ich stand wieder am Straßenrand und hoffte inständig, in die richtige Richtung zu fahren. Eine liebenswerte Dame nahm mich in ihrem großen Range Rover mit. Dieses Mal lüftete ich mein Geheimnis nicht. Die Frau war so voller Dankbarkeit, einen Priester mitnehmen zu können. Viele Priester in England trugen damals eine typische Priesterkleidung mit Sutane, die viele Knöpfe hat. Ich wollte ihr die Dankbarkeit nicht verderben. In Salisbury stand ich wieder am Straßenrand, aber die Engländer haben eine besondere Liebe zu ihren Priestern, und so fuhr ich bis Sherborne Abbey mit einem freundlichen Mann mit. Als einer der Brüder mich dort abholte, erzählte ich ihm meine Erlebnisse als Priester. Er schmunzelte, schaute mich vergnügt an und sagte: „Gott ist gut!"

Nach Weihnachten fragten mich die Brüder, ob ich in ihrer Saint-Francis-Internatsschule für verhaltensauffällige Jungen drei Monate als Gruppenvater mitarbeiten möchte. Wenn die Brüder mir das zutrauten, dann wollte ich es auch tun. Brother Owen von den Brüdern in Hilfield hatte diese Schule gegründet.

Es war eine neue und herausfordernde Erfahrung für mich. Jetzt war ich plötzlich kein Priester mehr, sondern Hausvater für eine Gruppe von Jungen und durfte mit ihnen leben. Morgens versuchte ich, sie aus den Betten zu bekommen, frühstückte mit ihnen und abends aß ich wieder mit ihnen. Sie waren den ganzen Tag über in der Schule. Ihre Tischmanieren waren keine. Es gab für sie keine Ordnung oder Tischsitte. Jeder machte, was er wollte, und ich hatte dafür zu sorgen, dass sie sich nicht gegenseitig mit den Lebensmitteln bewarfen. Und ich sollte sie lieben. Wie ging das? Wie kann man einen Igel streicheln oder einen Kaktus umarmen, ohne sich dabei zu verletzen?

Nachdem ich die Lebensgeschichte dieser Jungen gelesen hatte, wusste ich, warum sie so waren, wie sie waren. Es hat mich gewundert, dass sie überhaupt noch irgendwie ein normales Leben führen konnten. Liebe war ein Gefühl für sie, das sie nicht kannten!

Wenn wir abends im Fernsehraum waren, flogen regelmäßig die Polsterkissen an meinen Kopf. Einmal platzte mir der Kragen und ich nahm einen der Jungen an seinem Kragen und am Hosenbund und ließ ihn einen frisch polierten Gang mit hoher Geschwindigkeit auf dem gelandeten Bauch rutschen. Meine Körperstatur erzeugte ein gewisses Maß an Respekt bei ihnen. Als sie sahen, dass ich stark genug war, um einen von ihnen wie ein Katapultgeschoss den Flur entlang zu schicken, wurde es ruhiger.

Am nächsten Tag kamen die Jungen zu mir, lächelten und sagten: „Jetzt hast du deine Prüfung bestanden! Ab jetzt fliegen die Polster nicht mehr!"

Brother Owen durfte ich in seinem Sterben begleiten. Das war eine besondere Erfahrung für mich. Was war das für ein Mann! Er sah diese Jungen und gab ihnen eine Heimat, einen Ort, wo sie mit neuer Perspektive ins Leben gehen durften. Kein leichter Weg für Kinder, deren Seele verletzt und verbogen ist. Die Liebe kann das heilen, was andere zerbrochen haben. Leider wirkte diese Kraft der Liebe nicht bei jedem. Bei denen, die sich von ihr berühren ließen, wirkte sie Heilung und Hoffnung. Liebe hat die Kraft, leuchtende Gesichter zu machen.

Die Leidenschaft der Jungen waren die Autos, und sie liebten am meisten die schnellen und berühmten Modelle. Einmal erzählten sie mir, dass im Augenblick der BMW das schärfste Auto sei. Ich fragte sie, ob das ein englisches Auto sei. Natürlich. Und was bedeuteten die Buchstaben? „Britisch Motor" und dann gab es keine Idee für das W. Aber es blieb ein tolles, englisches Auto für sie.

Und nun starb der, der so vielen geholfen hatte. Alle müssen einmal loslassen, ob sie wollen oder nicht. Owen hat es mit Bravour geschafft.

Nach dieser Zeit in der Saint Francis School durfte ich noch drei Monate lang zu den Franziskanern nach London. Ich wohnte in East London mit Bernard und zwei anderen Brüdern. Hier lernte ich noch einmal ganz anders beten. Beten inmitten einer Großstadt, in einem schmalen Haus, in dem Brüder für Menschen da waren, die am Rande der Gesellschaft lebten. War das meine Berufung? Könnte das mein Weg sein? War das die Vorstellung meines Lebens als Mönch?

Das halbe Jahr – es waren nur fünf Monate, die so viel an Ereignissen hatten, dass sie mir wie ein ganzes Jahr vorkamen – England war vorbei. Ich schrieb in mein Tagebuch:

Haben sich die fünf Monate in England gelohnt? Haben sie Antworten auf meine Fragen gegeben, mit denen ich hier angekommen bin? Ja! Die Monate mit den Brüdern waren eine große Bereicherung für mein Leben. Ich vergleiche die hinter mir liegende Zeit mit einer Reise über das Meer. Es gab schöne Tage, an denen die Sonne schien, aber kein Wind in den Segeln war. Das Schiff nahm keine Fahrt auf. Es lag ruhig auf dem Meer. Es gab windige Tage, an denen die Sonne hinter den Wolken war und das Schiff keine Fahrt aufnahm. Ich habe auch Stürme erlebt, Dunkelheit und Angst. Das Meer konnte grausam sein, wenn ich keinen Himmel und kein Land sehen konnte. In Hilfield habe ich wieder Land gesehen, Hoffnung bekommen und Mut, meinen Weg weiterzugehen. Ich war bereit zu lieben, auch wenn es stinkt.

Eine meiner besonderen Erfahrungen war die Begegnung mit der Anglikanischen Kirche. Sie hat drei unterschiedliche Richtungen. Die High Church, die sehr liturgisch von der katholischen Kirche geprägt ist. Die Broad Church, die mehr der evangelischen Kirche gleicht und die Low Church, die einer Freikirchen-Tradition ähnelt. Alle drei Richtungen sind die Anglikanische Kirche. Die Franziskanischen Brüder in Hilfield vereinigten alle drei Elemente in ihrem Leben und ihren Gottesdiensten. Eine für mich wohltuende Mischung aus Tradition und Freiheit.

Dann flog ich für einige Wochen zurück nach Gnadenthal. Eine Welt, die ich erst wiederentdecken musste. Hier lebten ledige Brüder, ledige Schwestern und Familien zusammen. Wir Brüder und Schwestern hatten ebenfalls ein Versprechen von Armut, Reinheit und Gehorsam gemacht, aber unser Leben war anders als das der Franziskaner in England. Ich fühlte mich fremd, und nur langsam lebte ich mich wieder in das Leben in Deutschland ein. In Gnadenthal trugen wir Brüder und Schwestern ein weißes Chorkleid. Eingehüllt in die Reinheit und innen drin kam ich mir verloren vor. War das noch mein Leben? War es das, wozu ich mich berufen gefühlt hatte?

Ich hatte bei den Franziskanern ein anderes, mehr eigenverantwortliches Leben kennengelernt. Die Brüder folgten den franziskanischen Regeln, waren aber in ihrer Selbstverantwortung freier und fröhlicher. Sie planten ihre eigenen Dienste und organisierten im

Miteinander das Leben in Hilfield. Ein ganz kleiner Auszug aus ihren Regeln besagt:

> Franziskaner-Mönche leben in Zucht, aber auch in Reinheit. Hier spielt vor allem die Sittenlosigkeit eine große Rolle, aus diesem Grund meiden sie auch Kleidung, die die Ehrbarkeit und die Reinheit gefährdet.
> Sie leisten Gehorsam bis in den Tod und erweisen diesen Gehorsam insbesondere den mit der Leitung beauftragten Brüdern vom Orden. Wobei es im Vergleich zu anderen Orden hier deutlich lockerer zugeht.
> Während in anderen Orden die Leitung auf Lebenszeit bestimmt wird, wird diese bei den Franziskanern in regelmäßigen Abständen getauscht. Machtstrukturen sollen dadurch verhindert werden. Franziskaner-Mönche lieben alle Geschöpfe Gottes.

In Gnadenthal und somit auch in den Außenstellen waren wir noch auf der Suche nach dem richtigen Weg, und der war oft sehr schmerzhaft und von dem Willen geprägt, es richtig zu machen. Was aber war richtig? Wir hätten uns an den Regeln der Franziskaner orientieren sollen, das hätte auch ins Grundmotiv unseres bruderschaftlichen Lebens gepasst.

Noch einmal Israel

Danach lebte ich wieder in Latroun. In Jerusalem hatte ich den Enkel des deutschen Kaisers begleiten dürfen. Hier in Latroun wohnten wir in der ehemaligen Burg des englischen Königs Richard Löwenherz. Sollte diese königlich-kaiserliche Begegnung eine Richtung für mein Leben geben? Aber den Kaiser gab es nicht mehr und den König auch nicht.

König Richard Löwenherz führte den dritten Kreuzzug 1191/92 und besetzte diese Burg, deren Ruinen wir Brüder von den Trappisten aus dem unter uns liegenden Kloster überlassen bekamen.

Latroun ist ein besonderer Ort. Wir hatten inzwischen das ganze Gelände eingezäunt, weil so viel geklaut wurde. Aus diesem Grund hatten wir auch zwei Hunde. Einen Belgischen und einen Deutschen Schäferhund. Uns Brüdern taten sie nichts, Gott sei Dank.

Eines Tages ließ Bruder Jakob die Hunde abends frei springen. Sie liefen immer den gleichen Weg. Vorbei an der 100 Meter entfernten Kapelle und dann zum „Türkenturm", der noch einmal 100 Meter weiter war. Aber an diesem Abend stemmten sie alle vier Beine zum Bremsen in den Boden, zogen den Schwanz ein und kamen wieder zurück. Sie waren nicht zu bewegen, wieder loszulaufen. Wir sahen nichts. Keinen Menschen oder sonst irgendeinen Grund für dieses sonderbare Verhalten.

Abends saßen wir Brüder beim Abendbrot. Es fehlte etwas auf dem Tisch, und Bruder Daniel fragte, ob jemand in die Kreuzfahrerhalle gehen könne, um es zu holen. Keiner wollte. Dann hatte einer den Mut zu sagen: „Ich mag da im Augenblick nicht runtergehen. Irgendwie habe ich Angst." Das wurde von uns allen bestätigt. Vorher sprachen wir nicht darüber, weil ein Mann keine Angst hat.

Da die Hunde ihr Verhalten in den nächsten Tagen nicht veränderten, kamen wir zu der Einsicht, dass hier auf dem Gelände etwas Ungutes sein musste.

An den Wochenenden kamen die Jungen aus dem palästinensischen Gebiet zu uns. Sie aßen mit uns Brüdern und schliefen normalerweise im „Türkenturm". An diesem Wochenende wollten sie einfach nicht in ihr Schlafquartier gehen. Sie drucksten herum, bis uns endlich auffiel, dass sie Angst hatten. Bruder Jakob brachte sie in ihre Unterkunft und brauchte lange, bis die Jungen bereit waren, sich schlafen zu legen.

Seit Monaten wohnte ein „Maschnune", ein geistgestörter Araber, auf dem moslemischen Friedhof neben unserem Gelände. Er hatte uns schon oft an die Geschichte des Geraseners oberhalb des Sees Genezareth erinnert. *„ Und sie fuhren weiter in die Gegend der Gerasener, die Galiläa gegenüberliegt. Und als er ans Land trat, begegnete ihm ein Mann aus der Stadt, der war von Dämonen besessen; er trug seit langer Zeit keine Kleider mehr und blieb in keinem Hause, sondern in den Grabhöhlen. Da er aber Jesus sah, schrie er auf und fiel vor ihm nieder und rief laut: Was habe ich mit dir zu schaffen, Jesus, du Sohn des höchsten Gottes? Ich bitte dich: Quäle mich nicht! Denn er hatte dem unreinen Geist geboten, aus dem Menschen auszufahren. Denn der hatte ihn lange Zeit geplagt; und er wurde mit Ketten und Fesseln an den Füßen gebunden und gefangen* *gehalten, doch er zerriss seine Fesseln und wurde von dem Dämon in die Wüste getrieben. Und Jesus fragte ihn: Wie heißt du? Er antwortete: Legion. Denn es waren viele Dämonen in ihn gefahren.*[5]

Wir Brüder überlegten, was wir machen sollten und kamen zu der Überzeugung, hier musste ein böser Geist vertrieben werden. Dazu sahen wir uns alleine nicht in der Lage.

Ich traf mich jeden Donnerstag mit geistlichen Leitern von verschiedenen Gemeinschaften und Kirchen in Jerusalem zum Gebet. Ich bat diese Brüder zu uns nach Latroun zu kommen, um auf unserem Gelände zu beten. Sie willigten ein und eines Montagmorgens kamen sie. Wir gingen betend über das Gelände. Wir proklamierten den Sieg Jesu über unserem Gelände und nahmen jedes Haus und unsere ganzen Besitztümer für Jesus und sein Reich in Anspruch. Das dauerte den ganzen Vormittag, und als die Brüder gingen, war ich so müde und fertig, dass ich erst einmal schlafen ging.

Am Abend ließen wir die Hunde wieder frei laufen. Dieses Mal kehrten sie nicht zurück. Sie nahmen wie früher ihre Fährte wieder auf und liefen durch das ganze Gelände. Als am Wochenende die Jungs kamen, gingen auch sie allein in den „Türkenturm".

„Denn wir haben nicht mit Fleisch und Blut zu kämpfen, sondern mit Mächtigen und Gewaltigen, mit den Herren der Welt, die über diese Finsternis herrschen, mit den bösen Geistern unter dem Himmel."[6]

Wir erlebten die Geschichte aus der Bibel ganz praktisch! Der kranke und besessene Mann aus den Gräbern war danach nicht mehr zu sehen.

Im Laufe dieser Zeit konnten wir vielen jungen Männern helfen, aus dem Elend ihrer Situation herauszukommen. Einigen von ihnen konnten wir einen Studienplatz in Deutschland verschaffen, anderen einfach nur Freund sein.

Einer dieser Jungen war ein aktives Mitglied in der PLO[7]. Nachdem er sich für ein Leben mit Jesus entschlossen hatte, vernichtete

---

[5] Lukas 8,26-30
[6] Epheser 6,12
[7] „Palestine Liberation Organization" bzw. „Palästinensische Befreiungsorganisation".

er alles Material und wurde ein bekennender Christ. Wir konnten auch ihm in Deutschland einen Studienplatz vermitteln. Es war ein sehr bewegender Abschied, weil seine Familie nach Amerika auswanderte und er nach Deutschland ging. Zu solchen Anlässen gibt es bei den Palästinensern ein besonderes Essen: gefüllten Schafsmagen. Ein überaus aufwändiges Gericht, aber dafür auch extrem lecker!

Die Zeit des Abschiedes kam, und wir brachten ihn zum Flughafen. Später erzählte er uns folgende Geschichte: Auf dem Flughafen musste er durch den Security-Check. Das dauert. Das dauert unter Umständen länger, als es jemand aushalten kann, vor allem dann, wenn er Palästinenser ist. Er wurde von Kopf bis Fuß gefilzt und befragt und wieder stehen gelassen und wieder befragt. Schließlich war die Zeit seines Abfluges gekommen und er war noch immer nicht fertig befragt. Dann durfte er gehen, und als er im oberen Stockwerk des Flughafens war, sah er seine Maschine, die ihn nach Deutschland bringen sollte, langsam zur Startbahn rollen. Voller Verzweiflung kniete er sich zwischen seine beiden Koffer und betete. Was genau, weiß ich nicht mehr, aber als er wieder aufsah, sah er, dass das Flugzeug stehen blieb. Die Gangway kam angerollt, die Tür öffnete sich und eine Stewardess kam zu ihm, fragte ihn nach seinem Namen und nahm ihn mit ins Flugzeug. Gott hatte Erbarmen mit ihm und erhörte sein Gebet. Heute ist er ein erfolgreicher Geschäftsmann, der viel mit dem Flugzeug unterwegs ist.

Eine meiner besonderen Aufgaben war es, die alten Ruinen von Prinz Löwenherz aus England zu restaurieren und für uns als Bruderschaft wohnbar zu machen. Das ganze Anwesen gehört den Trappistenmönchen von Latroun. Wir hatten ein sehr liebevolles und unkompliziertes Verhältnis zu ihnen. Sie hatten ihre Freude an uns evangelischen Mönchen und an unserer jungen, dynamischen Art. Sie ließen uns gewähren.

Für die Renovierung brauchten wir einen geeigneten Architekten. Wir fanden ihn in dem Israeli Peter Bugod. Eine faszinierende Persönlichkeit. Mit ihm verbindet mich bis zum heutigen Tag eine tiefe Freundschaft. Er half uns, aus den Ruinen einen Ort zu gestalten, an dem viele Juden und Palästinenser sich heute versöhnen, weil sie einen gemeinsamen Glauben an Jesus leben, der Versöhnung möglich macht.

Ich wechselte die Seiten

Das nächste halbe Jahr arbeitete ich mit den Judenchristen in Jerusalem. Eine andere Welt. Wohlstand und Stolz, Selbstbewusstsein und zukunftsorientiertes Leben prägten die Beziehung. Aber auch hier ging es um die Ermutigung von jungen Menschen, mit Jesus zu leben, und das auf dem Herzen zu haben, was uns als Christen prägt: Liebe, Freundschaft, Ehrlichkeit, Wertschätzung und Hingabe. Keine leichte Aufgabe für Menschen, die aus dem Überlebenskampf der Ghettos und Konzentrationslager der Nazis kamen. Jetzt hatten sie eine Heimat und wollten diese auch für ihre Kinder stabil machen. Ich konnte mit den palästinensischen Jungen nicht über die Israelis sprechen, ohne einen Schwall von Hass und Ärger loszutreten. Bei den Juden war es ähnlich, aber ohne Hass. Sie fühlten sich einfach nicht verstanden. Und sie haben einen Humor, den ich sehr mag. Ein typischer Witz ihres chassidischen Humors ist zum Beispiel:

> Ein verarmter Händler kommt zum Zaddik (Wunderrabbi) und bittet ihn um Hilfe. Der reicht ihm eine Kopeke und erklärt ihm: „Sie wird dir Glück bringen!"
> Der Jude geht traurig und skeptisch aus dem Haus des Rabbis. Im Vorraum umringen ihn die Chassidim, er erzählt ihnen die Geschichte. Sofort fangen die Reichen unter ihnen an, Angebote für die Wunderkopeke zu machen. Schließlich bekommt der Höchstbietende die Kopeke für 300 Rubel. So wurde der arme Jude durch die Kopeke reich, wie es der Rabbi prophezeit hatte.

Das ist die eine Seite der Juden. Der Humor, der Witz und die Lebenslust. Die andere Seite ist die Seite des unsäglichen Leides, das sie erfahren haben.

Ich kam nicht umhin, mich auch mit dieser Seite zu beschäftigen und fand das Gebet von Jossel Rackover. Als er in seinen letzten Stunden als Frommer des Volkes Israel unter den Trümmern des Warschauer Ghettos lag, sprach er mit Gott:

> „Ich bin dir nachgegangen, auch wenn du mich von dir gestoßen hast. Ich habe deine Gebote erfüllt, auch wenn du mich dafür geschlagen hast. Ich habe dich liebgehabt, auch wenn du mich zur Erde erniedrigt, zu Tode gepeinigt, zur Schande und zum Gespött

gemacht hast. Du hast alles getan, damit ich nicht an dich glaube. Solltest du meinen, es wird dir gelingen, mich von meinem Weg abzubringen, so sage ich dir, mein Gott und Gott meiner Väter: „Es wird dir nicht gelingen!" Du kannst mich schlagen, mir das Beste und Teuerste nehmen, was ich auf der Welt habe. Du kannst mich zu Tode peinigen, ich werde immer an dich glauben, ich werde dich immer liebhaben! Und das sind meine letzten Worte an dich, mein zorniger Gott: „Es wird dir nicht gelingen! Du hast alles getan, damit ich nicht an dich glaube, damit ich an dir verzweifle! Ich aber sterbe, wie ich gelebt habe: Im felsenfesten Glauben an dich!"[8]

So sprach und starb Jossel Rackover, einer aus Israel.

Diese Worte waren so echt, so erfahrbar, so schmerzvoll und spiegelten wider, was viele gläubige Menschen auch heute noch erleben. Auch ich fühlte mich manchmal wie Jossel Rackover, obschon ich nicht im Ghetto lebte, weder Verfolgung noch Todesqualen ausgesetzt war. Auch ist meine Liebe zu Gott nicht in erster Linie ein Gefühl. Es ist eine Entscheidung, die immer wieder auf den Prüfstand kommt, wenn ich keine Antwort von Gott bekomme. Aber jetzt, hier in Israel, ging es um das Leid der 6 Millionen Juden. Ich konnte es nie verstehen und letztlich bleibt es ein Geheimnis, warum Gott es seinem Volk zugemutet hat.

Als Deutsche haben wir unendliches Leid angerichtet. Dafür müsste es uns eigentlich schlecht gehen oder gar nicht mehr geben. Dass wir heute mit dem Volk Israel versöhnt sind, liegt an der Buße, die wir Deutschen nach dem Zweiten Weltkrieg getan haben. In der Buße liegt das Geheimnis der Erneuerung, weil Buße Umkehr bedeutet.

„Wenn wir aber unsere Sünden bekennen, ist er so treu und gerecht, dass er uns die Sünden vergibt und uns reinigt von aller Ungerechtigkeit".[9]

---

[8] https://www.welt.de/print-welt/article592745/Jossel-Rakovers-Wendung-zu-Gott.html
[9] 1. Johannes 1,9

Gott steht zu seinem Wort, auch wenn es kaum zu begreifen ist. Es geht mir nicht um Rechtfertigung oder darum zu wissen, warum Gott den einen das Leid zumutet und den anderen nicht. Als ich in Israel lebte, beschäftigte ich mich mit diesen Fragen und suchte eine Erklärung, doch am Ende blieb ein noch größeres Fragezeichen stehen. In Israel wurde ich mit der Gegenwart Gottes und seinem Handeln, seiner Ferne und seiner Nähe konfrontiert. Manchmal meinte ich ihn in den Straßen zu erleben, wenn ich die orthodoxen Juden in ihrer eigenartigen Kleidung sah. Die Verheißung des Alten Testamentes sagt, dass sein Volk zurück in das Land seiner Väter kommt. In Israel konnte ich die Erfüllung dieser Verheißung sehen. Die Juden wurden vertrieben, wurden verbannt und liefen die Wege in die Fremde zu Fuß. Hunderte von Jahren sind seitdem vergangen, und nun hupen sie mit ihren Autos, schimpfen als Taxifahrer und ihre Kinder weinen, wie alle anderen Kinder auf der Welt. Die Sirenen warnen uns vor einem terroristischen Angriff und ich bin einer von ihnen, die den Gott ihrer Väter anflehen, dass nichts Schlimmes geschieht.

Auch außerhalb Israels ist Gott zu spüren, aber in Israel ist die Spannung zwischen Licht und Dunkelheit, zwischen Gottes Gegenwart und seiner Ferne allgegenwärtig. Hier begegne ich dem Gott, den wir versuchen zu verstehen, und am Ende bleibt der Glaube wie der eines Mannes, der unter den Trümmern seines Lebens liegt und an den Verheißungen Gottes festhält. „Ich aber sterbe, wie ich gelebt habe: im felsenfesten Glauben an dich!"

Abschied von Israel

Jeden Sonntag fuhren wir Brüder nach Jerusalem in die Erlöserkirche zum Gottesdienst. An einem Sonntag blieben Bruder Jakob und ich in Latroun und lasen uns gegenseitig aus dem Büchlein von Ole Halesby „Dein Typ ist gefragt" unseren Typ vor. Halesby beschreibt in diesem netten Büchlein die vier Menschentypen des griechischen Arztes Hippokrates von Kos, der um 400 v. Chr. lebte. Die damalige wissenschaftliche Hypothese lautete, dass die unterschiedlichen Charaktere mit den vier „Körpersäften" Blut, Schleim sowie gelbe und schwarze Galle zusammenhingen. Daher leiteten sich die Namen der vier Persönlichkeitsstrukturen bzw. Temperamente „Sanguiniker", „Phlegmatiker", „Melancholiker" und „Choleriker" aus den griechischen Wörtern für diese vier Körperflüssigkeiten ab. Ich erkannte Bruder Jakob als den Sanguiniker. Der Sanguiniker wird als phantasievoll, gesprächig und optimistisch angesehen. Er ist eine Frohnatur, die sich schnell für den Augenblick begeistert. Bruder Jakob erkannte in mir den Choleriker. Der Choleriker wird im positiven Sinn als willensstark, entschlossen und furchtlos beschrieben. Erstaunlich war, dass wir uns beide zu 100 Prozent ertappt fühlten und nicht wussten, woher Halesby uns so gut kannte.

Am Schluss schrieb Halesby über den erlösten und den unerlösten Typ. Obwohl ich Bruder war, Jesus nachfolgte und mein Bestes gab, erkannte ich den unerlösten Typ in mir. Das wollte ich auf der Stelle ändern. Aber wie? Einer unserer Brüder war auch Choleriker. Jedes Mal, wenn er kurz davor war, an die Decke zu gehen, breitete er die Hände aus, ging einen Schritt zurück und lachte. Damit war der Dampf raus, und er konnte ganz normal am Geschehen teilnehmen. Das war mein Vorbild. So erlebte ich mit 30 Jahren eine Wende in meinem Inneren. Es ist extrem schwer, die eigenen Verhaltensmuster zu verändern, aber es geht, wenn man will und weiß, wohin man will. Heute glaubt mir keiner mehr, dass ich cholerisch veranlagt bin. Aber ich bin es noch immer, nur habe ich das Lachen gelernt!

Humor ist bekanntlich, wenn man trotzdem lacht. Dann fiel mir der kleine Moritz in Berlin ein: „Moritzchen, habt ihr im Religionsunterricht schon die Zehn Gebote gehabt?" „Nein, Onkel, nur die zehn Plagen!"

Es kam der Abschied von Israel, dieses Mal ohne gefüllten Schafsmagen, aber mit Schmerzen und bangen Gefühlen für das Leben in Gnadenthal. Ich erwartete keine zehn Plagen, aber wohl war mir auch nicht.

Ich hatte nie nach Israel gehen wollen. Ich hatte eine biblische Vorstellung von dem Land gehabt, in dem Jesus gelebt hatte, und gewusst, wenn ich dort sein würde, würde ich das Land anders vorfinden, als es in der Bibel beschrieben ist. Als ich aus Israel zurückkam, war ich um viele Erfahrungen reicher. Ich wusste jetzt, dass die Menschen, die dort leben, Menschen sind, die eine Zukunft für sich und ihre Kinder bauen. Manche sind gläubig, viele sind es nicht. Was sie verbindet, ist ihre gemeinsame Herkunft als Juden, denen ein Land von Gott gegeben ist und für das sie sehr kämpfen müssen. Ich bin dankbar für die Erfahrungen mit den Palästinensern und mit den Israelis. Die Erfahrungen haben mir gezeigt, dass ohne Versöhnung keine Zukunft gebaut werden kann. Solange die beiden Völker im Streit leben, wird es so sein, wie Khalil Gibran (1883-31), ein libanesisch-amerikanischer Maler, Philosoph und Dichter, einmal sagte: „In Israel wird der Stärkere immer über den Schwächeren herrschen". Das ist die Erkenntnis, die ich aus Israel mitgebracht habe. Ohne Versöhnung wird es keinen Frieden geben.

KAPITEL 4

Wenn der Horizont zur Hoffnung wird

Gnadenthal

Als ich aus Israel nach Gnadenthal zurückkam, wusste keiner, wie es mit mir weitergehen soll. Irgendwie war ich durch die starken Erlebnisse in Israel ein anderer Mensch geworden.

Ich lebte mit den Brüdern zusammen im Brüderhaus. Wir hatten ein ruhiges und beschauliches Leben. Wir lebten zu dritt in zwei Zimmern. Abends gingen wir gemeinsam schlafen und morgens standen wir gemeinsam auf. Es gab wenig Raum für Privatsphäre, aber das wollten wir so. Wir wollten unser Leben miteinander teilen. Das Besondere an unseren Räumen waren die großen Fenster. In alle Himmelsrichtungen hatten wir eine wunderbare Aussicht auf die Umgebung. Mit all meinen Erfahrungen in England und Israel musste ich mich jetzt wieder in das Leben in Gnadenthal einüben.

Ich sehnte mich nach einer besonderen Begegnung mit Jesus. Eine Stunde lang saß ich am Fenster, beobachtete die Wolken und betete: „Jesus, du kannst doch jetzt mal für einen Augenblick hinter so einer Wolke hervorschauen. Dann kann ich sagen, ich habe dich gesehen!" Er schaute nicht hinter den Wolken hervor. Plötzlich aber war wieder diese bekannte Stimme in meinem Herzen, die ich schon bei meiner ersten Begegnung mit ihm im Kloster der Pallottinerinnen gehört hatte: „Jakobus, lass dir an meiner Gnade genügen, denn meine Kraft ist in den Schwachen mächtig!"[1] Es war nicht genau das, was ich mir gewünscht hatte, aber es war tröstlich.

---

[1] 2. Korinther 12,9a

Es war Sommer, und ich hatte die Aufgabe, die riesigen Rasenflächen auf dem gesamten Bruderschaftsgelände zu mähen. Ein wenig trübsinnig war ich an diesem Morgen. Ich bekam Post aus Amerika, legte die Karte aber ungelesen auf meinen kleinen Schreibtisch. Jetzt saß ich auf dem Rasenmäher und tuckerte über die Rasenflächen. Was sollte ich hier? Was war meine Aufgabe? Inspiriert von England und Israel wollte ich die Menschen ermutigen, ein Leben mit Jesus zu leben.

Als ich abends in die Brüderklausur ging, fand ich meine ungelesene Postkarte. Sie war von einem unserer Brüder, der eine Zeitlang in den USA lebte. Er hatte diese Karte gefunden und den Eindruck gehabt, sie mir schicken zu sollen. Auf der Vorderseite stand ein Wort aus den Sprüchen: „Gib mir, mein Sohn, dein Herz, und lass deinen Augen meine Wege wohl gefallen."[2] Das war's! Ich wollte auf den Wegen Gottes mit Zuversicht und Freude gehen. Und nun kam dieses Wort direkt vom Himmel mit dem Umweg über Nordamerika. Ich konnte diese Wege noch nicht deutlich sehen, aber ich wusste in meinem Herzen, dass es sie geben wird und ich auf ihnen Gottes Willen tun würde.

Wir Brüder hatten Kontakt mit einer Gemeinschaft in Ann Arbor. Von dort kamen zwei junge Männer, Jim und Bruce, und ich durfte sie für ein Jahr in unserer Bruderschaft begleiten. Wir hatten eine intensive Zeit miteinander und nach einem Jahr flogen die beiden jungen Männer gestärkt und mit neuer Perspektive zurück in die USA. Nach einem halben Jahr wurde ich zu Jims Hochzeit eingeladen.

Ich flog nach New York und wurde dort von Jims Vater abgeholt. Mit ihm fuhr ich durch den atemberaubenden Lincoln Tunnel unter dem Hudson River nach New Jersey. Ich hatte nicht damit gerechnet, diese Reise machen zu dürfen. Umso mehr freute ich mich, hier zu sein.

Die Hochzeit war amerikanisch. Big, very big! Organisiert bis zum letzten Schritt, aber schön. Jim und seine Frau sahen aus wie aus einem Märchen aus „Tausendundeine Nacht". Sie strahlten, waren glücklich und schauten hoffnungsvoll in ihre gemeinsame Zukunft. Als alle Feierlichkeiten vorüber waren, besuchte ich mit einer Gruppe von Studenten das *Covenant House* in Manhattan. Wir fuhren

---

[2] Sprüche 23,26

über den Hudson River, vorbei an der Freiheitsstatue, und ich bewunderte die einzigartige Skyline von Manhattan. Je näher wir kamen, desto höher wurden die Wolkenkratzer. Ein paar Tage vorher war ich schon auf den Twin Towers gewesen. Ich habe Höhenangst, aber als ich dort oben über die Stadt und das Wasser schauen konnte, hatte ich nicht nur einen außergewöhnlich weiten Blick, sondern spürte auch die Großartigkeit der Ingenieurskunst, die kreative Kraft der Architekten, die solche hohen Häuser bauten. Später, als die Flugzeuge diese Türme zertrümmerten, spürte ich den Schmerz der vielen Menschen, die sich in diesen Türmen aufhielten. Das Leben kann sehr schnell und furchterregend zu Ende gehen.

Wir gingen in Manhattan an Land und dort zum *Covenant House*[3]. Es ist eine Einrichtung eines katholischen Priesters, der sich um Kinder und Jugendliche kümmert, die auf der Straße und in der Prostitution gelandet sind. Gerade kam ein vierzehnjähriges Mädchen weinend herein. Der Priester nahm sie in den Arm und sie weinte ihre Not heraus: „Ich bin nun seit sieben Jahren auf dem Strich, und jetzt kann ich nicht mehr!"

Ich musste weinen. Was sind das für Männer, die solche Kinder missbrauchen? In was für einer armen Welt leben wir, wo Männer mit hilflosen Kindern ihr abscheuliches Vergnügen haben? Der Priester erzählte uns noch mehr Geschichten von kleinen Jungen, gestrandeten Frauen und jungen Männern, die alle solche erniedrigenden Schicksale erduldeten. Wie dankbar war ich für diesen Ort, wo Erbarmen und Trost ist, wo Geborgenheit und Zukunft ein neues Licht bekommen.

Ich verließ Amerika mit einem weinenden und einem lachenden Herzen. Nicht nur dort, überall auf der Welt gab es Licht und Dunkelheit, und irgendwie spürte ich, auf Gottes Wegen zu gehen.

Die sexuellen Gefühle eines zölibatär lebenden Menschen

Wenn der Mensch ausgeglichen ist, Frieden mit sich, Gott und der Welt hat, dann kommt er auch als zölibatär lebender Mensch gut zurecht. Wenn es aber Druck gibt, Auseinandersetzungen und Missverständnisse, dann sucht er eine Tiefenentspannung. Es gibt Menschen,

---

[3] www.covenanthouse.org

die schaffen das in der Hinwendung zu Gott. Sie haben meinen vollen Respekt. Ich habe das nicht gekonnt. Bei mir schlugen in solchen Situationen die Wellen der Hormone weiter über den sicheren Strand.

Es war nicht leicht. Es war nie leicht mit meiner sexuellen Lust einen Weg zu gehen, wie ich ihn mir für einen zölibatär lebenden Mann vorgestellt hatte. Am liebsten wäre es mir gewesen, keine Gefühle zu haben, keine Phantasien, keine Selbstbefriedigung. Nichts, gar nichts. Jemand, der sich bewusst für den Ledigenstand entschieden hat und berufen fühlt, sollte nach meiner Vorstellung doch alle sexuellen Triebe an der Klosterpforte abgeben können. So hätte ich es mir zu Beginn meines bruderschaftlichen Leben gewünscht. Heiligkeit und Sex ist ein schwieriges Thema im Kloster.

Als ich in die Bruderschaft eintrat, hatte ich mich gerade erst bekehrt. Meine sexuellen Erfahrungen hatte ich in der Lebensbeichte vor Gott bekannt und Vergebung zugesprochen bekommen. Ich dachte, nun werde alles besser, anders, einfacher.

Ich glaube – ich weiß es aber nicht – dass das vielen jungen Männern so geht, die sich für ein zölibatäres Leben entscheiden. Sicher kennen die Frauen dieses Problem auch, aber anders. Damit umzugehen, ist nie leicht.

Dazu kommt erschwerend oder erleichternd die Herkunft und Erziehung. Wenn in der Kindheit Sexualität verschwiegen oder immer mit Sünde in Verbindung gebracht wird, dann hat dieses Kind später ein echtes Problem. Wenn Sexualität etwas ist, was zum Leben dazugehört und genauso befriedigt werden kann, wie das Bedürfnis nach Schokolade oder Wurst oder Käse, dann ist es leichter, weil die Befriedigung nicht zugleich der Absprung in die Hölle ist.

Wir hatten niemanden, der mit uns darüber sprach. Wir waren alle etwa gleichaltrig und wollten rein voreinander dastehen. Dass dies nicht auf Dauer so sein würde, wusste ich am Anfang nicht, aber als immer mehr Brüder austraten und heirateten, wusste ich, dass ihr sexuelles Bedürfnis einen Ort gefunden hatte, an dem sie es ohne schlechtes Gewissen leben konnten.

Wenn wir ignorieren, dass sich unsere Triebe durch die sexuelle Entwicklung eines Menschen unweigerlich zeigen und wir sie nicht wollen, müssen wir sie unterdrücken. Das mag bei manchen

Menschen funktionieren, bei mir schien das nicht zu gehen. Alles müssen wir lernen und brauchen geeignete Hilfe dazu. In den traditionellen Klöstern gibt es dafür einen Novizen-Meister, der den Novizen (Anwärter auf das mönchische Leben) hilft, mit der Sexualität als Lediger umzugehen. Das ist die eine Seite. Die andere ist die eigene Verantwortung und das Lernen.

Es ist kein Geheimnis, dass sich 80 bis 90 Prozent der Männer im Laufe ihrer Entwicklung phasenweise oder anhaltend selbst befriedigen. Das tun sie übrigens auch mit anderen Bedürfnissen wie Hunger und Durst. Es scheint so, dass sich die Frauen dieser Zahlen immer mehr angleichen. Veronika Schmidt schreibt dazu: „Selbstbefriedigung ist Teil der Beziehung zu sich selbst und hat zunächst einmal nur mit mir selbst und nicht mit einer Paarbeziehung zu tun. Es ist schlicht und einfach die Hinführung auf eine zukünftige sexuelle Partnerschaft. Es ist ein ‚Sich-Ausprobieren‘. Es gibt sie, die ‚Solosexualität‘, die ‚Selbstliebe‘, die ‚Selbsterfahrung‘ ohne eine andere Person als Gegenüber. Diese ‚Liebesbeziehung mit sich selbst‘ gehört zur sexuellen Entwicklung heute unbestritten dazu. Doch liegt über diesem Tabuthema in der Kirche nach wie vor ein ‚Schleier des Schweigens‘, weit entfernt davon, anzuerkennen, dass diese Selbstliebe ein ganzes Leben andauern könnte und für Menschen jeden Alters ein bedeutungsvolles Thema ist."[4]

Aber wie ist es, wenn ich für Jesus ledig bleiben will, das Gelübde von Armut, Gehorsam und Reinheit abgelegt habe? Alles musste ich lernen. Mir wurde klar, dass ich ein Opfer bringen wollte. Ich wollte mein Leben so gestalten, dass es einen Fokus hat, und der war meine Hingabe an Gott. Damit wurde es leichter, damit hatte der Verzicht einen Sinn, und wann immer die Hormone aktiv wurden, war das eine Sache zwischen mir und Gott. Wenn ich meine Sexualität nicht bezwingen konnte, dann war sie wie ein wilder Stier in mir, der sich mit Gewalt durch die Arena kämpft. Sexualität bleibt eine Herausforderung, und ich musste lernen, wem gegenüber ich damit verantwortlich bin. Das bedeutet, dass ich mich von den unterschiedlichen moralischen Vorstellungen christlicher Traditionen lösen musste. Wenn ich ledig für den Herrn bin, dann ist der Herr auch der, dem ich verantwortlich bin. Gott ist gut, und er ist

---

[4] Veronika Schmidt, *Liebeslust,* SCM Verlag, S. 33/34.

barmherzig. Als ich das begriffen hatte, konnte ich auch anderen jungen Männern mit ihren Fragen über Sexualität und ihren Umgang damit auf ihrem Weg ins Leben behilflich sein.

Sexualität ist eine starke schöpferische Kraft in uns. Durch sie wird unsere Welt bevölkert. Sie ist die Kraft, die neues Leben schafft. Wenn sie nicht dafür gebraucht wird, darf sie nicht zu unserem Feind werden. Sie bleibt schöpferisch und fühlsam. In keinem anderen Gefühl erlebt der Mensch sich stärker als in ihr. Sie lässt mich in mir das Leben spüren, und indem ich Ja zu mir sage und mich liebend annehme, werde ich auch fähig, andere und Gott zu lieben. Schade, dass uns das niemand gesagt hat. Die Selbstbefriedigung, oder nennen wir sie „Solosex", ist an sich keine Sünde, und wenn ich es zur Sünde mache, laufen Millionen junger Männer und Frauen ständig mit dem Druck der Sünde und dem Gefühl der Unreinheit herum. Sicher wären manche Brüder heute noch auf dem Weg, auf dem sie sich als Bruder berufen gefühlt hatten. Es ist nicht fair, junge Menschen mit dieser inneren Gewalt allein zu lassen. Man muss lernen, darüber zu sprechen. Als Lediger war das schwer für mich, weil ich oft kein entsprechendes Gegenüber fand.

Ich hatte 20 Jahre lang versucht, ein Leben in Gehorsam, Reinheit und Armut zu leben. Der Umgang mit der Sexualität ist das eine. Es ist aber nur ein Bereich von vielen anderen, die man als lediger Bruder lernen muss. Wer mit diesem Thema und allem, was damit zu tun hat, allein gelassen wird und dann trotzdem versucht, das Richtige zu machen und damit scheitert, der verliert ganz schnell die Hoffnung. Hatte ich bei meiner Rückkehr aus den USA noch gespürt, auf Gottes Wegen unterwegs zu sein, so verließ mich nach meiner Rückkehr dieses Gefühl und die Einsamkeit machte sich breit.

Ich habe ein gesundes Selbstbewusstsein und wusste immer, was ich will und nicht will. Ich hatte mich bewusst in Demut und Gehorsam geübt. Jetzt war ich mit meiner Kraft und meinen Möglichkeiten am Ende, weil ich keinen Platz mehr für mich in der Bruderschaft sah. Das, was meinem Leben Sinn gab und immer ein Ziel für mich war – Menschen zu ermutigen, damit sie ihr Leben mit Gott leben –, schien nicht mehr da zu sein. Ich brauchte unbedingt eine neue Aufgabe mit einer Sinnerfüllung.

Das „grüne Häuschen"

Auf einem Spaziergang mit den Brüdern zu Weihnachten sprach mich der Bruder an, der bisher die Schafe in Gnadenthal gehütet hatte, und sagte, er müsse sie abgeben, weil er zu viele andere Aufgaben habe. Spontan, wie ich bin, sagte ich ihm, ich könne das übernehmen. Das war der Beginn einer neuen „Karriere".

Später bezog ich ein kleines Häuschen in der Mitte des Dorfes. Es hatte grüne Fensterläden und wurde deshalb „das grüne Häuschen" genannt. Ich schloss mich dem „Arbeitskreis für christliche Lebenshilfe (ACL)" an, gründete Hauskreise und nahm junge Männer auf, die Hilfe brauchten.

Gleichzeitig wurde ich Schäfer und hatte die Verantwortung für die bruderschaftliche Schafherde. Ich hütete Schafe, schlachtete, gründete mit anderen zusammen einen Verbrauchermarkt an der Konstabler Wache in Frankfurt und verkaufte dort alle vierzehn Tage die Produkte meiner Schafzucht. Ich wurde als Schriftführer in den „Schafhalterverein Taunus" gewählt und erfreute mich eines guten Rufes, was die Zucht des „Deutschen schwarzköpfigen Fleischschafes" betraf.

Nach fünf Jahren der Eigenverantwortung für die Schäferei wurde ich zur Gesellenprüfung als Schäfer zugelassen und erwarb den Gesellenbrief als Schäfer. Ich hätte dieses „Diplom" so gerne gerahmt und aufgehängt, aber da die Bezeichnungen der altbewährten Berufe verändert wurden, war ich plötzlich nicht mehr Schäfer, sondern Tierwirt, Fachrichtung Schafe. Das wollte ich nicht einrahmen lassen. Schäfer wäre mir lieber gewesen.

Zur Prüfung für den Gesellenbrief des Schäfers musste ich alles wissen, was auch ein Lehrling in dreieinhalb Jahren Lehrzeit wissen muss. Ich eignete mir alles Wissen durch Bücher an. Jeder Schäfer hat mindestens einmal in seinem Leben, wahrscheinlich öfter, mit der sogenannten Moderhinke, einer nicht meldepflichtigen Seuche, zu tun. Die Moderhinke wird durch zwei Bakterienstämme verursacht. Wenn die Moderhinke behandelt wird, dauert es eine Woche, bis die Schafe wieder gesund sind. Wenn sie nicht behandelt wird, dauert es sieben Tage bis zur Heilung. Es ist schmerzlich anzusehen, wie die Tiere sich damit plagen. Sie knien beim Fressen, weil ihnen die Klauen weh tun. Ich habe in meiner Lehrzeit erlebt, dass die ganze Herde verseucht war. Für meine Prüfungsunterlagen schrieb ich ein Gedicht über die beiden Bakterien:

Dichelobacter nodosus und Fusobacterium necrophorum
oder
das Lied von der Moderhinke

Ein Schaf,
gewöhnlich vorne und
auch hinten je zwei Beine,
zeigt sich vergnügt
beim Fressen auf der Weide.
Es frisst sich satt,
nimmt hier ein Gras
und dort ein Blatt,
dann legt's sich hin
und kaut nochmal,
was es gefressen hat.
Doch ist es krank
im Bauch und im Gedärm,
lässt es die Ohren hängen –
völlig still und ohne Lärm.
Es weint auch nicht –
vielleicht nur nachts,
wenn's keiner ahnt.
Den Schmerz, den trägt es
bis sein Herr sich naht.
Der Schäfer weiß, woran es liegt.
Er kennt sein Schaf
und kennt auch viele Mittel.
Er pflegt, Gott heilt.
Das Leben siegt.
Und wie's so wieder geht das Schaf,
weiß keiner je den Grund,
woher es kommt,
dass manchmal
plötzlich unerwartet,
das eine Bein nicht auf der Erde steht.

Der Schäfer nimmt das Schaf,
dreht's um,
schaut hin und riecht's.
Es stinkt!
Wie kommt's?
Nodus und Necrophorum,
sie gehen Hand in Hand,
doch lauern sie im Dreck und Schlamm,
auf jede Klauenwand.
Hier fressen sie,
hier schaffen sie
und kochen ihre Speise –
und wenn sie nicht gebadet werden,
dann fällt der Schuh vom Beine.
Der Tragrand und die Oberhaut,
der Ballen und die Sohle,
sie heilen nur nach langer Pein,
das Messer hilft zum Wohle.
Erst ist es weiß,
sieht harmlos aus
und ist noch leicht zu heilen.
Doch wenn sie dann im „Hause" sind,
die Türen fest verschlossen,
dann rasen sie,
dann wüten sie,
das Messer muss sich eilen.
Ein Schnitt,
es stinkt,
doch dann wird's gut,
das Nest ist ausgehoben.
Es ging zwar nicht ganz ohne Blut,
doch dann wurd's gut.

Das „grüne Häuschen" wurde ein Ort, in dem viele Menschen Rat
suchten. Bei mir lebten abwechselnd junge Männer, die meine Be-
gleitung und Ermutigung und Hilfe zu einem geordneten Leben
brauchten. Die Schafe waren ein gutes Übungsfeld, Verantwortung
zu lernen und zu übernehmen. Die meisten Mitlebenden kamen an

die Grenzen ihrer Möglichkeiten, aber wenn sie die Grenzen als ihren erweiterbaren Horizont erlebten, dann waren sie motiviert und machten weiter.

Die Lammzeit bei den Schafen ist Erntezeit. Sie ist eine besondere Zeit für Menschen, die es im Leben nicht leicht haben. Wenn sie nachts im Stall sind und den Mutterschafen zuschauen, wie sie ihre Lämmer zur Welt bringen, dann spüren sie das Wunder des Lebens hautnah. In der Regel muss der Mensch nicht eingreifen. Die Tiere schaffen das allein, auch wenn ich ihnen gerne geholfen hätte. Als ich sah, wie liebevoll die Mütter ihre Jungen annahmen, sie ableckten und mit ihrer Mutterstimme die Lämmer auf sich aufmerksam machten, spürte ich eine Kraft, die mich ermutigte und stärkte. Manche Menschen bekommen dadurch einen neuen Zugang zu unserem Vater im Himmel.

Geburt ist ein Schöpfungsvorgang. Wenn ich dabei sein durfte, staunte ich über das, was Gott aus einem winzig kleinen Samen und einer winzigen Eizelle geschaffen hatte. Das lebendige Bild, das ich bei der Geburt vor Augen hatte, erwärmte mein Herz. Ich war dankbar für mein eigenes Leben und die Menschen, die mir geholfen hatten, ins Leben hineinzufinden. Die Lämmer finden ohne Hilfe das Euter der Mutter, und sie wissen, dass sie daran saugen müssen. Nur sind die Lämmer fitter als ein Baby. Sie können bereits kurz nach der Geburt laufen und ein paar Tage später schon im Stall herumspringen. Das Geräusch der Mutter, das sie gehört haben, als sie von ihr abgeschleckt wurden, bleibt immer ein Signal für das Lamm, die richtige Mutter zu finden. Die Mutter riecht das Lamm, weil die Schafe schlecht sehen. Wenn ein falsches Lamm an die Zitze geht und das Muttertier riecht es, stößt es das fremde Lamm weg. Milch ist immer nur für den eigenen Nachwuchs da.

Ich hatte oft Schulklassen im Schafstall oder auf der Weide. Es gab zwei wichtige Fragen der Kinder: „Haben alle Schafe einen Namen?" und: „Zählen Sie die Schafe abends, wenn sie nach Hause gehen?"

Wir Schäfer haben meistens eine lustige und eine ernste Antwort auf diese Fragen. Die Frage nach dem Namen beantwortete ich so: „Ja, sie haben alle einen Namen. Sie heißen alle Erika bis auf Liselotte, die heißt Gertrud!" Die Kinder schauten mich dann verwundert an. Manche haben es gleich begriffen und gelacht. Danach kam die richtige Antwort: „Nein, die Schafe haben keinen Namen. Es ist auch nicht wichtig, weil Schafe niemals auf einen Namen hören würden. Du und ich, wir haben einen Namen, damit dich deine Eltern mit deinem Namen ansprechen können. Wir Menschen haben einen Namen, damit jeder weiß, wohin er gehört. Auch Gott ruft uns bei unserem Namen, damit wir wissen, wer gemeint ist, wenn er ruft."

„Aber die Hunde, die haben doch einen Namen!" ruft ein Junge. „Ja, die Hunde haben einen Namen, aber sie verstehen ihn nicht. Es ist nur der Tonfall, den sie hören. Darauf reagieren sie. Wenn du einem Hund einen Namen gibst und ihn mit einem anderen Namen rufst, der den gleichen Tonfall hat, dann kommt er auch." Natürlich erklärte ich den Kindern auch, wie ich die Schafe zähle. Ich zähle die Beine und teile sie durch vier. Ein rätselhaftes Erstaunen verbreitete sich auf den Gesichtern der Kinder, ein Schmunzeln auf den Lippen der Lehrer. Wenn auch dieser Scherz angekommen war, habe ich ihnen gesagt, dass ich weiß, wie viele Schafe ich habe, dass ich sie aber nur zählen kann, wenn sie durch einen engen Gang gehen, wo eines nach dem anderen durchmuss. Damit aber kein Schaf von der Herde beim Laufen verloren geht, läuft am Ende immer ein Hund hinter der Herde her. Der passt auf, dass die Schafe zusammenbleiben.

Natürlich war auch der Psalm 23 wichtig. König David, der in seiner Jugend ein Schäfer war, der wusste, was er mit diesem Psalm ausdrücken konnte. So ist mein Schäferstab ein Symbol für die Sicherheit und Geborgenheit der Herde. So wie der Schäfer sich beim Hüten auf diesen Stab stützt und seine Herde beobachtet, damit er sehen kann, ob es allen gut geht, so schaut auch Gott auf seine Menschen und sieht, ob es ihnen gut geht. „Und wenn es einem Menschen schlecht geht, was macht Gott dann?" „Dann darf er zu ihm kommen, ihm die eigene Not sagen, und Gott tröstet ihn durch die Menschen, die bei ihm sind, manchmal auch durch Medizin oder einfach nur dadurch, dass er spürt, dass er da ist." Diese Gespräche hatten immer das Potenzial, theologisch kompliziert zu werden, und deshalb erwähnte ich gleich den Stecken. Der Stecken ist eine Elle lang. Den bekam der Sohn des Schäfers. Er musste mit dem aus Hartholz, meistens Olivenholz, bestehenden Stecken so gut werfen können, dass er ein wildes Tier zwischen den Augen treffen konnte. Damit setzte er das Tier außer Gefecht. Wenn der Sohn so zielen konnte, dann vertraute der Vater ihm seine Schafherde an. Und David konnte das. Er konnte noch mehr; er konnte auch mit der Steinschleuder punktgenau zielen. Später musste David mit dem Riesen Goliath kämpfen. Es war gut, dass er dies konnte und so trainiert hatte, dass er richtig gut darin war.

Schafe sind besondere Tiere. Sie sind friedlich und können nicht beißen. Vorne haben sie nur im Unterkiefer ein paar Zähne, mit denen sie das Gras abreißen. Mit den Backenzähnen kauen sie später das wieder, was sie vorher gefressen haben. Weil Schafe nicht beißen, sind sie gute Therapeuten. Sie sind geduldig, sind nicht aggressiv und scheinen immer Zeit zu haben. Das Zusammenleben und Arbeiten mit Schafen und den Ratsuchenden macht Freude und formt jeden zu einem Menschen, der es lernt, Verantwortung zu übernehmen. Auch ich wurde geformt, aber tief in mir schlummerte etwas, das ich noch nicht erkannte. Ich wusste, ich war mit dem, was ich hier machte, noch nicht am Ziel.

Schäfersein ist etwas, das aus dem Inneren des Herzens sein muss. Ich liebte „meine" Tiere und hatte Freude, sie zu hüten. Bei den Mitlebenden erlebte ich immer mehr, wie manche von ihnen eine ganz entspannte und liebevolle Seite im Umgang mit den Tieren entwickelten und dabei sich selber veränderten.

Plötzlich wurden sie Menschen, die gerne Verantwortung übernahmen, die aus der Erfahrung mit den Tieren auch über sich selber reden konnten. Der Umgang mit den Tieren war eine Brücke zu ihrer eigenen Situation. Das hat ihnen für ihr späteres Leben geholfen, sich besser einzuschätzen, sich nicht zu überfordern und dankbar zu sein für das, was sie an Leistung bringen konnten.

Quarantäne

Schafe, die neu zur Herde hinzukommen, müssen für ein paar Tage in Quarantäne, damit sie keine Krankheiten übertragen können. Ich hatte drei neue Tiere gekauft, und als wir sie ausladen wollten, hauten sie ab. Schafe können echt schnell laufen, vor allem wenn sie in Panik geraten.

Gnadenthal liegt nahe bei der Autobahn, und das war das Problem. Die ausgerissenen Schafe nahmen direkten Kurs auf die Autobahn.

Sie wussten nicht, was sie da taten, aber ich wusste es und wusste auch, was da passieren konnte.

Wir setzten uns ins Auto und fuhren um sie herum, damit wir sie von der Autobahn fernhalten konnten. Es war ein ermüdender Kampf. Hinter uns die rasenden Autos und vor uns die „blöden Schafe", die sich nicht einfangen lassen wollten. Dabei meinten wir es doch nur gut mit ihnen und mit den rasenden Autos.

Zwei Schafe konnte wir fangen, das dritte war für immer verschwunden. Es gab nie einen Unfall auf der Autobahn wegen eines Schafes. Vielleicht läuft es heute in einer anderen Herde. Vielleicht hatte es sich auch verletzt und wurde so zum Futter für andere Tiere. Ich musste immer wieder daran denken, dass es ein Bild für uns Menschen ist. Gott hat alles darangesetzt, uns zu retten, und was machen wir? Wir hauen ab. Und dann sucht er uns. Manche Menschen ein Leben lang.

Ich musste lernen, Hebamme für die Schafe zu sein. Nicht für alle, aber für die, die es nicht allein schafften. Bei den meisten Müttern „flutschen" die Lämmer einfach raus. Helfen musste ich, wenn das Lamm mit dem Hinterteil zuerst kommen wollte.

Jedes Jahr zog ich die Lämmer groß, damit ich sie anschließend schlachten konnte. Das war der Moment, in dem ich mit meinen Gefühlen konfrontiert wurde. Ich habe mir damit geholfen, dass ich selber gerne Lammfleisch esse und andere auch. Aber es wurde nicht leichter, als ich schon hunderte Lämmer geschlachtet hatte. Viele, die mir beim Schlachten geholfen haben, wurden sehr anschaulich mit ihren Gefühlen konfrontiert. Schlachten ist töten. Es fordert viel von einem Menschen, ein Lebewesen zu töten. Ich war froh, dass diese Schlachtungen auch schon in der Bibel vorkamen. Auch da hatte man Hunderte von Schafen, Ziegen, Rindern und Tauben getötet, um einen Teil davon Gott zu opfern und einen Teil zum Essen zu haben. Die Bibel ist kein Buch, mit dem Vegetarier und Veganer eine Rechtfertigung für ihre Lebensweise bekommen. Das sind Philosophien, die erlaubt sind, aber die Bibel ist kein Philosophiebuch.

In meiner Zeit in der Schäferei bewarb sich ein junger Mann bei uns für den Zivildienst. Er hatte nachträglich den Dienst bei der Bundeswehr verweigert und musste deshalb noch drei Monate und zehn Tage Zivildienst ableisten. Er war ein Rebell und passte so gar nicht in das beschauliche Leben der Bruderschaft. Da ich auch für unsere Zivildienstleistenden zuständig war, nahm ich ihn – entgegen dem Eindruck der Brüder – auf. Mit ihm lernte ich streiten. Wir fochten unsere Missverständnisse aus, schrien uns an und versöhnten wieder. Wir hüteten gemeinsam Schafe, sprachen über Gott und die Welt und wurden Freunde. Echte Freunde, die Streit und Versöhnung miteinander leben konnten. Dietmar ist ein intelligenter Mensch und studierter Landschaftsplaner, man nennt das heute auch Landschaftsarchitekt. Ich lernte nie einen Menschen kennen, der so ein tiefes Empfinden für Landschaft und Gestaltung hatte wie er. Als er nach seiner Dienstzeit ging, blieben wir Freunde. Bis heute. Er hat mir geholfen, meine dunklen Seiten und Abgründe anzuschauen, und ich war sein Ermutiger. Ich wusste damals nicht, dass diese enge Freundschaft eine Vorbereitung auf das war, was noch kommen würde.

Wenn mich jemand fragt, ob es Engel gibt, dann ist das nicht leicht zu beantworten. Aber manchmal scheint es mir so, als ob Menschen diese himmlische Funktion haben, ohne es zu wissen.

Der Anfang vom Ende

Ich gründete einen Hauskreis in einem der umliegenden Ortschaften. Es wurde ein Ort der Freundschaft, des gegenseitigen Vertrauens und des geistlichen Wachstums. Die Bibel war Grundlage all unserer Gespräche, aber wir sprachen auch über uns selber, über unsere Freuden und Leiden, über die Dinge, die uns nicht gelangen, und die Hoffnungen, die ein jeder hatte. Immer mehr Menschen fragten an, ob sie teilnehmen dürften, und eines Tages waren wir so viele, dass wir uns in zwei Gruppen teilten. Jetzt hatte ich zwei Abende, an denen ich in je einem dieser Hauskreise war. Es war genau das, was ich mir gewünscht hatte. Mein Leben für Gott in der Hingabe an Menschen zu leben.

In dieser Zeit gründete die Bruderschaft einen neuen Arbeitszweig, eine missionarisch-charismatische Gruppe. Für diese Gruppe, die viele anzog und sich wie ein Feuersturm ausbreitete, übergaben sie mir die Verantwortung.

Eine charismatische Gruppe

Im Neuen Testament bezeichnet Charisma eine Gnadengabe des Heiligen Geistes.[5] Zu den Charismen zählen Weisheitsrede, Erkenntnis, Glaube, Prophetie, Krankenheilungen, Wundertaten, Unterscheidung der Geister, Zungenreden und Auslegung der Zungenrede.

Unter besonderer Betonung einiger dieser Charismen entstand in den 1950- und 1960er-Jahren eine geistliche Erneuerungsbewegung, die man als charismatische Bewegung bezeichnete.

Dieser Bewegung ist es zu verdanken, dass wir in neuen Gottesdienstformen, die es mittlerweile in vielen Kirchen gibt, Lieder singen, die in unserer Zeit entstanden sind. Die Orgel spielt zwar noch, aber ist nicht mehr das tragende Musikinstrument in der Kirche. An ihre Stelle kamen die Gitarre, der Bass, das Schlagzeug und das Keyboard. Die Anbetung Gottes im Lied und im Gebet nimmt eine ganz neue und dominierende Stelle in den Gottesdiensten ein. Genau das wollten wir in dem neuen, missionarisch-charismatischen Arbeitszweig in Gnadenthal leben. Eine Gruppe, in der sich Gaben entfalten konnten, Freundschaften entstanden und Hoffnung für die Gesellschaft gelebt wurde.

Ich spürte, dass Freiheit im Geist einen Raum der Freiheit braucht. Ich wollte diesen Raum gestalten und mit dabei sein, wenn Menschen ihre Gaben und Fähigkeiten entdecken. Freiheit zu gewähren, ist eine große Herausforderung, weil sie sich nicht in abgesteckten Grenzen entwickeln kann. Ich darf keine Angst haben. Natürlich gibt es Grenzen, natürlich gibt es Ordnung, aber sie dürfen nicht den Raum der Freiheit dominieren. Sie sind Wächter im Hintergrund und springen ein, wenn es „Not-wendig" wird.

Auch wenn ich inzwischen im „grünen Häuschen" allein lebte (und das auch genoss), fühlte ich mich nach wie vor ganz der Bruderschaft zugehörig. Als jemand, der ledig lebte, brauchte ich weiterhin die Gemeinschaft mit den Brüdern. Sie liebten es, zu mir ins „grüne Häuschen" zu kommen. Es gab immer etwas Gutes zu essen oder zu trinken. Ich war inzwischen ein Spezialist für Lamm- und Schafbraten geworden. Meine besondere Spezialität war kaltes Schaffleisch mit einem Glas Rotwein und Baguette.

---

[5] 1. Korinther 12,7

Irgendwann jedoch, nach einem Wechsel in der Leitung, schienen die Verantwortlichen der Bruderschaft keine positive Meinung mehr von meinen Aktivitäten zu haben. Ich glaube, sie hatten Angst, dass diese Bewegung zu stark, zu dominant werden könnte, und ihr Einfluss nicht der ist, den sie erwartet hatten. Es kam zu Auseinandersetzungen. Es ging wohl – ohne dass sie es sagten – um die Frage der Macht. Die Schwierigkeiten hatten ihren Anfang genommen.

Seelenführer

In den letzten zwei Jahren meiner Zeit „im grünen Häuschen" stritten und verletzten wir uns bis an die Grenze des Erträglichen. Ich erkannte meine Grenzen und versuchte in ihnen eine Entwicklung für meine Persönlichkeit zu sehen. Es war hart, leidvoll und schmerzlich. Trotzdem hielt ich daran fest, ein Leben für Gott und die Menschen zu leben.

Eine Zeit der inneren Verzagtheit folgte. Ich fühlte mich schuldig, obschon ich mir keiner konkreten Schuld bewusst war. Ich war irritiert. Der Weg, der so ganz und gar mein Glück bedeutet hatte, schien im Nichts zu enden. In dieser Zeit fing ich langsam an zu begreifen, dass es nicht die Bruderschaft, die Organisation ist, die mein Leben bedeutet, sondern Gott selber. Ich spürte seine Gegenwart in meiner Situation und das machte mich im Leiden stark.

Gemeinschaft ist wichtig. Gehorsam und Reinheit[6] sind wichtig. Es ist gut, dass wir diese Verbindlichkeiten haben, aber sie dürfen nicht zum Instrument der Macht werden, durch die ein Einzelner seine Vorteile sucht und die anderen von sich abhängig macht.

---

[6] Armut, Keuschheit und Gehorsam nennt man die „evangelischen Räte". Keuschheit haben wir Reinheit genannt, vielleicht auch wegen der entsprechenden Seligpreisung: *„Selig sind, die reinen Herzen sind, sie werden Gott schauen"* (Matthäus 5,8). Das reine Herz ist hier aber nicht in erster Linie moralisch gemeint, sondern bezieht sich auf das ungeteilte Herz. Obschon unter Keuschheit zuerst die sexuelle Enthaltsamkeit verstanden wird, weil man damit die Jungfräulichkeit des Gott hingegeben Menschen sieht und mit dieser Tugend sich gegen die Wollust und Unzucht schützt (vgl. Galater 5,19-21), ist auch die Keuschheit eine Lebensführung der Enthaltsamkeit in allen Bereichen des Lebens.

Um Orientierung zu gewinnen, flog ich zu meinem Seelsorger nach London und schilderte ihm meine Lage. Mein Seelsorger war ein Mensch, der die Gabe hatte, direkt in mein Herz zu schauen. Ich ließ es zu und er konnte sehen, wie sehr ich mich plagte und wie auch die anderen sich mit mir plagten. Er war erstaunt über meine Bereitschaft zur Treue und zur Willigkeit, diesen Weg weiterzugehen. Aber er machte mir auch Mut, auf Gott zu hören, in allem Gott an erster Stelle zu sehen und mich ganz von ihm abhängig zu machen. Er selber war ja Franziskaner und gehörte einer Gruppe an, die die gleichen Verbindlichkeiten lebte wie wir in Gnadenthal. Aber über hunderte von Jahren hatten sie gelernt, dass es nicht funktioniert, wenn jemand damit Macht ausüben will. Die Brüder hatten mir in dem neuen Arbeitszweig Verantwortung für inzwischen 200 Menschen gegeben. Alle Entscheidungen aber wurden ohne mich gefällt und ich war der, der diese Entscheidungen transportieren musste, obschon niemand sonst von den Verantwortlichen in dieser Gruppe dabei war. Das führte zu einer unerträglichen Situation und zum Ärger bei den Menschen, die sich dieser Gruppe zugehörig fühlten.

Mein Seelsorger schrieb einen Brief an den Leiter unserer Bruderschaft und empfahl ihm, dass sie mich, dem sie Verantwortung übertragen hatten, auch in die Entscheidungsprozesse einbeziehen müssten.

Ich fuhr zurück und es kam zu einem furchtbaren Streit, in dem ich hoffnungslos unterlegen war. Ich würde gerne sagen, dass es alle gut gemeint haben. Aber gut meinen ist etwas anderes, als gut machen. Jeder bestand auf seiner Position. Ich auch. Hätten wir zu dieser Zeit etwas von Marshall Rosenbergs gewaltfreier Kommunikation gewusst, hätten wir vielleicht unsere Probleme lösen können. Aber wir kannten sie nicht und so kämpfte jeder, wie er dachte, es wäre am besten und fühlte sich im Recht. Viel später habe ich gelernt, dass Rechthaben das schlechteste Geschäft in der Liebe ist. Genau diese Liebe wurde immer wieder zitiert, aber wir liebten uns nicht wirklich.

Tränen in der Nacht

Ich fühlte mich wie ein Tiger im Käfig. Ich rang mit mir, schrie zu Gott und weinte nächtelang aus Verzweiflung. Die Bruderschaft war mein Leben. Es war der Ort, in dem sich meine Vision erfüllt hatte und an dem ich lange glücklich war.

Ich war 24 Jahre alt, als ich Bruder wurde. Mit 30 machte ich die lebenslange Profess: „Ich weiß mich vor Gott und den Menschen zu einem zölibatären Leben berufen bis an mein Lebensende!" Nun war ich fast 40 Jahre alt und konnte das nicht aufgeben. Ich wollte vor Gott und den Menschen dieses Gelöbnis, das einem Eheversprechen gleichkommt, nicht brechen.

Die Hauskreise und die missionarisch-charismatische Arbeit wuchsen immer noch so stark, dass die Teilnehmer bei Weitem die Zahl der Bruderschaftsmitglieder überschritt.

Plötzlich waren da Neid, Angst und Missgunst. Als ich endgültig vor dem Aus stand, das heißt, als ich aus dieser Arbeit entfernt werden sollte, entschloss ich mich, aus der Bruderschaft auszutreten. Dieser Schritt katapultierte mich an die Grenzen meiner inneren Kraft. Trotzdem schrieb ich den Brief mit meiner Entscheidung, aus der Bruderschaft auszutreten.

Es muss hart kommen, wenn ich weine, aber es kam hart, und die Tränen flossen. Verzweiflung, Frust, Ärger, Zorn und Hilflosigkeit stiegen gleichzeitig in mir auf. Aber der Entschluss war gefasst: Ich gehe. Wohin? Ich wusste es nicht. Ich hatte keine Idee, keine Perspektive. Nur das eine wusste ich: Die Zeit in Gnadenthal war vorbei.

Ich war das erste Mal in meinem bruderschaftlichen Leben nicht mehr glücklich.

Dann bin ich gegangen

Ein paar Wochen dauerte es noch, die laufenden Vorgänge abzuschließen. Es waren Wochen, die mir endlos schienen und die ich nicht noch einmal erleben möchte. Schließlich verabschiedete ich mich und bin gegangen – in eine vollkommen unsichere Zukunft. Nichts hatte ich in den Händen.

Aber schon nach ein paar Tagen fing Gott an, für mich zu sorgen, ganz neu, ganz ungewohnt. Ich bekam ein Auto von Familie Kohler geschenkt. Mit einem ihrer Söhne verband mich eine jahrelange Freundschaft. Als ihr Vater, ein bekannter Glasmaler in Stuttgart, von dem ein großes Fenster in der Stiftskirche in Stuttgart die Apsis schmückt, im Sterben lag, durfte ich ihn auf diesem letzten Weg begleiten. Mit meinem geschenkten Auto fuhr ich in das Fachkrankenhaus für Suchtkranke auf dem Ringgenhof in Wilhelmsdorf. Ich durfte dort als Hospitant für ein Jahr mitarbeiten. Freunde unterstützten mich monatlich mit einem erheblichen finanziellen Beitrag, ohne den ich weder das Auto noch mich sinnvoll hätte finanzieren können.

Die Suchtklinik Ringgenhof

Ich kam mit meinem Audi 100, vollgepackt mit Büchern und ein paar persönlichen Sachen im Januar an. Ich hatte 20 Jahre in einem Kloster gelebt. Alles war geordnet, auch das, was jeder zum täglichen Gebrauch nutzte, wie Zahnpasta, Schuhe, Strümpfe, eben alles. Plötzlich musste ich selber dafür sorgen und war überrascht, an was ich alles nicht gedacht hatte. Jetzt spielte das Geld eine andere Rolle. Ich musste wieder ganz neu lernen, es sinnvoll einzuteilen. Ich bezog mein neues Zimmer und war allein. Keiner fragte nach mir. Keiner wollte wissen, wohin ich gehe. Ich konnte machen, was ich wollte, und war keinem Rechenschaft schuldig. Ein komisches Gefühl für jemanden, der vorher in einer engen Gemeinschaft eingebunden war. Ich musste niemanden fragen, ob ich irgendwohin fahren dürfe. Ich war wirklich allein. Ab jetzt war ich allein für mich und mein Tun verantwortlich. Jede Entscheidung, die ich traf, war meine Entscheidung und musste nicht „abgesegnet" werden, wurde nicht hinterfragt. Im Grunde entsprach das meinem Charakter, aber ich musste es neu lernen. Ich war hier, und das neue Leben leuchtete mir freundlich entgegen. Ich spürte, wie sich meine Grenzen erweiterten und sah einen hoffnungsvollen Horizont in meinem Leben aufkommen

Ich wurde Gärtner

In der Gärtnerei war ich ein Mitarbeiter in der Arbeitstherapie. Die Patienten mussten viel lernen. Viele ihrer Gewohnheiten mussten durchbrochen werden. Vieles aus ihrem Leben mussten sie neu bewerten, um Wege ins neue Leben ohne Alkohol und Drogen zu finden. Ich hatte auf der einen Seite großen Respekt vor diesen Männern. Die meisten waren Familienväter, hatten verantwortungsvolle Jobs und suchten jetzt ein Leben ohne Abhängigkeit. Wie oft dachte ich an meinen Vater, der vielleicht länger gelebt hätte, hätte er diese Möglichkeit der Therapie gehabt!

Ich war in einer Situation, in der auch ich meine Lektionen lernte. Eines Tages kniete ich unter einem Baum und jätete Unkraut. Kein Mensch nahm von mir Notiz. Ich war jemand, der allenfalls noch bei Gott bekannt war. Wenn ich jemals in meinem Leben das Gefühl von Verlassenheit hatte, dann war es an diesem Tag unter diesem Baum. – Zuvor hatte ich bereits viele Menschen kennengelernt, die auf dramatische Weise ohne Vorwarnung in Situationen hineingekommen waren, die ihr Leben ähnlich und total verändert hatten. Nun war ich selber da, wo ich nie sein wollte: In dem Gefühl, verlassen und abgeschoben zu sein. Wie sollte ich damit umgehen? Verdrängen? Ich wollte hier eines Tages anders weggehen, als ich hergekommen war. Es blieb nur die Konfrontation mit mir selbst. Ich musste meine Grenzen kennenlernen, damit ich sie überwinden konnte.

Ich füllte mit einigen Patienten Erde in Blumentöpfe. Plötzlich hörte ich, dass uns eine Gruppe von Polizisten besuchen wollte, um sich die Arbeitstherapie anzuschauen. Bei dem Gedanken, sie könnten mich für einen Patienten halten, kam ein peinliches Gefühl in mir hoch.

So schnell die Gruppe von Polizisten gekommen war, war sie auch schon wieder weg. Aber für mich ging die Geschichte noch weiter. Abends öffnete ich in meiner Wohnung den Kühlschrank und fraß ihn leer. Gerade zuvor hatte ich mich entschieden, kontrollierter und weniger zu essen. Als der letzte Bissen verschlungen war, fiel es mir wie Schuppen von den Augen: War ich wirklich so anders als die Männer, die hier waren, um von ihrer Alkoholsucht frei zu werden und ein neues Leben zu beginnen? Mir wurde erst schlecht, dann wurde ich zornig, und schließlich tat ich Buße[7]. Und von Stund an war es mir recht, ja geradezu ein Vergnügen, mit den Suchtkranken zusammen zu sein als einer von ihnen.

Ohne eine besondere Zukunftsperspektive arbeitete ich noch eine zeitlang weiter in der Gärtnerei. In den persönlichen Begegnungen, Gesprächen und Gruppensitzungen hörte und lernte ich viel. Vor allem wollte ich jetzt mein eigenes Leben verstehen. Es ergab sich die Möglichkeit, sehr intensive Gespräche zu führen, in denen es jetzt um mich ging, um die Schattenseiten meines Lebens zu erkennen und aufzuarbeiten.

Im Verlauf dieses Prozesses merkte ich irgendwann, dass ich Negatives, das ich an mir wahrnahm, nicht mehr rechtfertigen und auch nicht mehr beschönigen musste. Ich wollte den Dingen auf den Grund kommen.

Das Ende meiner bruderschaftlichen Zeit war der Anfang eines neuen Lebens. Ich wusste noch nicht, was Gott mit mir vorhatte. Den Weg des Abstiegs und der Infragestellung wählte ich nicht freiwillig. Da wurde ich hineingeworfen. Ich hätte mich wehren können, aber dann hätte ich mehr verloren als gewonnen. Ich entschied mich, diesen Weg zu gehen. Ich wollte mich dem, was für meine Entwicklung wichtig war, nicht widersetzen.

Dann kam das Finale. Ich bat die Brüder von Gnadenthal um ein Gespräch. Sie kamen zu dritt. Irgendwie hatte ich noch immer Hoffnung und ein wenig Sehnsucht zurückzukehren. Die Begegnung mit den Brüdern war alles andere als das, was ich erwartet hatte. Die Trennung war vollzogen und ich stand wie vor einem Jahr vor dem Nichts. Wir fanden in diesem letzten Gespräch keinen gemeinsamen Weg für eine gemeinsame Zukunft. Was mich betraf, wollte ich den Gehorsam gegenüber einem Verantwortlichen, bei dem ich den Eindruck hatte, dass ihm die Häuser wichtiger sind als die Menschen, nicht mehr folgen.

---

[7]Der hebräische Begriff שוב *schub*, der in der Septuaginta mit *metanoia* übersetzt wird, meint die Umkehr zu Gott in der ganzen Existenz des Menschen. Es schließt die Abkehr von allem Bösen und den damit zusammenhängenden menschlichen Neigungen ein.

Austritt

Ich betete zu Gott und sagte ihm, ich würde alles tun, nur nicht noch einmal in eine Gemeinschaft eintreten. Ich war enttäuscht, wütend und sehr verletzt. Ich fühlte mich unverstanden und hatte den Eindruck, dass ich nicht verstanden werde, weil sie andere Pläne hatten. Wie gut wäre es gewesen, hätten sie mich nach meinen Bedürfnissen gefragt, hätten die eigenen geäußert und wir einen Weg gefunden, auf dem es beiden, der Bruderschaft und mir, gut gegangen wäre. Aber da war kein Weg, kein Gespür dafür. Das Leben in Gnadenthal war nicht leicht für mich, aber es war mein Leben. Ein Teil in mir wollte wieder zurück. Aber jetzt war es vorbei. Endgültig. Mir fiel Sebastian Franck wieder ein, der den konfessionellen Dogmatismus ablehnte. Ich hatte das Gefühl, dass unsere Auseinandersetzungen und Missverständnisse daher rührten.

War ich jetzt da, wo Sebastian Franck vor genau 500 Jahren stand? Hatte dieses Buch für mich eine prophetische Seite, der ich folgen musste? Ich wusste es nicht. Ich wusste gar nichts mehr.

Noch war meine Zeit auf dem Ringgenhof nicht zu Ende. Tag und Nacht wechselten sich ab und ich funktionierte. Dann besuchte mich mein Freund Dietmar. Es tat gut, jemanden an der Seite zu haben, der auch dann noch Freund war, wenn alle Stricke, die das Leben hielten, rissen. In solchen Zeiten brauchte ich einen Freund, der mit mir geht, der versteht und helfen kann, den Schmerz zu überwinden. In Dietmar hatte ich einen Freund, der mich und meine enttäuschten Gefühle verstand. Ich spürte seine Hingabe an unsere Freundschaft. Er ist ein Freund mit einem ermutigenden Blick in die Zukunft. Er ist ein Mann, der Jesus im Herzen trägt und ihm allein verantwortlich ist, und nicht den moralischen Erwartungen derer, die einem das Leben schwer machen. Ich konnte und kann mich glücklich schätzen, so einen Freund zu haben, der bereit war, echte Freundschaft zu leben, und das nicht nur in guten, sondern auch in diesen so schlechten Zeiten. Das ist mein Freund Dietmar. Es war mein Glück, dass er sowohl mich als auch die Gemeinschaft kannte. Er sah, was nicht gut lief, verstand mich und half mir, die Vergangenheit zu bewältigen.

Eines Tages bekam ich einen Brief von einem Freund, der mir schrieb, es gäbe da in der Nähe von Ulm eine kleine Gemeinschaft, die genau das Richtige für mich wäre. Welch ein Zufall! Sebastian Franck lebte eine wesentliche Zeit in Ulm, bevor er nach Basel zog. Aber ich wollte nicht. Ich wollte nicht noch einmal in einer Gemeinschaft leben. Ich hatte keinen Plan, was ich wollte, aber das wollte ich nicht. Bei einem Spaziergang, auf dem ich betete, wurde mir klar, dass ein Leben, das nicht aus Gottes Hand und Willen kommt, zu keinem guten Ende kommen würde. Ich ahnte Schreckliches.[8]

Ein paar Wochen später bekam ich Post von einem anderen Freund. Auch er schrieb mir von dieser Gemeinschaft in Eselsburg bei Herbrechtingen und dass das genau die richtige Gemeinschaft für mich wäre.

Interessant, scheinbar wussten alle, was richtig für mich ist, nur ich wusste es nicht. Ich erinnerte mich, dass ich zu Gott gesagt hatte, ich mache alles, was von ihm kommt. So fuhr ich an einem Herbsttag nach Eselsburg.

Da ich keine Ahnung hatte, was ich dort als Gemeinschaft vorfinden würde, hatte ich nur einen klaren Wunsch: Ich wollte zwei Zimmer haben, in denen ich wohnen konnte. Das schien mir sehr übertrieben, weil ich ja allein lebte. Trotzdem. Das mit den Zimmern war kein Problem. Ich bekam sogar noch ein Gästezimmer dazu und ein eigenes Bad. So zog ich eines schönen Wintertages im Februar 1991 in die Mühle in Eselsburg.

Ich lebte nach wie zuvor zölibatär und wieder in einer verbindlichen Gemeinschaft von Christen. Da ich nicht die Absicht hatte zu heiraten, brauchte ich diese Lebensform, in der ich Geborgenheit und Gemeinschaft hatte. Natürlich spielte ich auch mit dem Gedanken, ganz alleine leben zu wollen, mein eigener Herr zu sein, um keinem Rechenschaft geben zu müssen. Dann ist Alleinsein eine Flucht aus der Gemeinschaft. Es ist ein Resultat von Enttäuschung und Resignation. Ich war enttäuscht und auf dem Weg zu resignieren. Manchmal ist es gut, allein zu sein, um sich zu finden. Trotzdem glaube ich, dass es grundsätzlich nicht gut ist, wenn der Mensch allein ist. Er braucht ein Gegenüber, braucht Ermutigung und Korrektur. Aber das ist anstrengend und tut weh. Es gibt keine Gemeinschaft, die nicht tröstet und verletzt. Gemeinschaft ist der

---

[8] Das Schreckliche war eigentlich nicht schrecklich. Es war die Befürchtung und zugleich das Wissen, dass ich wieder in einer Gemeinschaft leben werde.

Ort, an dem geformt und leider auch verformt werden kann. Ich hatte Hoffnung und Angst. Ich nahm die neue Herausforderung an und erlebte in ihr einen neuen Abschnitt meiner Jesus-Nachfolge. Mir war klar, dass ich jetzt wieder von jedem in Frage gestellt werden würde. Ich ließ es zu, um daran zu wachsen. Leicht war es nicht, und gut machte ich es auch nicht immer.

Erneut sah ich die Abgründe in meinem Leben, aber dieses Mal war ich bereit, sie anzuschauen. Ich wollte die Wahrheit über mich erkennen und lernen, damit umzugehen. Im Licht und im Dunkel meiner eigenen Person fand ich das Leben. Auch wenn es weh tat – es war die richtige Entscheidung, die mich auf den nächsten Schritt in meinem Leben vorbereitete.

KAPITEL 5

Wie man sich in zwei Zimmern und mit einem Badeofen als Schlossherr fühlen kann

Februar

Es war schwer für mich, mir vorzustellen, in einer Gemeinschaft zu leben, in der ich auf mich allein gestellt war. Kein Bruder war da, der nachfragt, wohin ich gehe, wann ich wiederkomme und was ich mache. Alles war meine eigene Entscheidung. Es war egal, ob ich gehe, ob ich komme; keiner wollte es wissen und sagen musste ich es auch niemanden, weil ja keiner da war, der nachgefragt hätte.

Als ich in die christliche Lebensgemeinschaft Mühlrad eintrat, gab es sie schon vier Jahre. Es war eine Gruppe von jungen Familien und Ledigen. Auf ihrem Herzen war, Menschen zum Leben mit Jesus zu ermutigen. Das war ihre Vision und passte zu dem, was ich selber auch leben wollte. Gemeinsames Leben, viel miteinander teilen und füreinander da sein. Menschen, die am Rand der Gesellschaft leben, einen Ort bieten, an dem sie sich neu entdecken können und später vielleicht in ein normales Gesellschaftsleben zurückkehren. Eine alte Mühle, deren Ursprung im Dreißigjährigen Krieg[1] zu finden ist, musste renoviert werden. Und in allem stand die Beziehung zu Jesus in der Mitte. Er gab die Kraft zu lieben und zu dienen und Menschen zu ermutigen, mit ihm zu leben. Wir haben zusammen gearbeitet, zusammen gebetet und zusammen gefeiert. Ein

---

[1] 1618–1648.

Ort entstand, der andere anzog und zum Leben motivierte. Das Mühlrad wurde Symbol und Name für die Gemeinschaft. Die Achse des Mühlrades war Jesus. Die Schaufeln waren die Mitglieder, die durch das Wasser (Heiliger Geist) in Bewegung gebracht wurden. Die Mitglieder der Gemeinschaft lebten in erreichbarer Nähe. Sie kamen einmal in der Woche zusammen und einmal im Monat zu einem Tag der Gemeinschaft, um mit verschiedenen Diensten in und um die Mühle am Aufbau und Erhalt der Mühle zu helfen. Sie waren Lehrer, Bauern, Architekten und Handwerker.

Der Anfangsgedanke der Lebensgemeinschaft war, nach dem Willen Gottes zu leben. Aber was ist der Wille Gottes? Das ist ganz unterschiedlich, aber für uns stand das Wort aus dem Propheten Nehemia im Vordergrund: „Der Herr, unser Gott, wird es uns gelingen lassen, und wir seine Knechte haben uns aufgemacht und bauen wieder auf".[2] Das war unser Motor, das wollten wir im Mühlrad gemeinsam einüben. Die alte Mühle aufbauen, damit darin Gottes Gegenwart gefeiert werden kann, und die Menschen aufbauen, die Auferbauung brauchen. Das war nicht einfach, und immer wieder waren wir angefochten und brauchten die Hilfe derer, die mit uns auf dem Weg sind. Wir brauchten Ermutigung, Ermahnung und Korrektur. Wir brauchten einen Raum, in dem wir lernen konnten, unser Leben für die Anliegen Gottes einzusetzen. Wir brauchten Hilfe, um unsere Gaben zu entdecken, und die Gelegenheit, sie Gott zur Verfügung zu stellen. Dies alles wollten wir im Miteinander im Mühlrad einüben und leben.

Als Jesus seine Jünger rief, mutete er ihnen zu, neue Wege zu gehen und das Alte zu verlassen – nicht nur materiell; es waren auch neue Denkstrukturen, auf die sich die Jünger einließen. Sicherheiten hatten sie verlassen, um ganz für Gott verfügbar zu sein. Sie mussten manches entbehren, um die eine „Perle" zu finden. Das sind Gedanken, die uns im Miteinander im Mühlrad beschäftigten. Hier wollten wir uns herausfordern lassen. Zuerst in der Liebe zu Gott, dann in der Selbstannahme und dann in der Liebe zum Nächsten.

Jetzt wohnte ich im oberen Stockwerk der Mühle in zwei sehr gemütlichen und schönen Zimmern. Das vordere machte ich zu meinem Wohn- und Beratungszimmer, und das hintere war mein

---

[2] Nehemia 2,20

Schlafzimmer. Was für ein Luxus. Dazu hatte ich ein Bad und ein Gästezimmer. Wenn ich duschen wollte, musste ich unten im Haus einen Badezimmerofen befeuern. Romantisch! Ich kam mir vor wie ein Schlossherr, der den Anschluss an die moderne Zeit verpasst hatte. Aber das sollte sich alles bald ändern.

Zuerst war ich von der Gemeinschaft als Hausvater angestellt. Mein Gehalt war ein Taschengeld, aber das wollte ich so. Armut zu leben war mir wichtig. Nicht etwa, weil ich es schön fand. Überhaupt nicht! Ich wollte es, weil in der Abhängigkeit von Gott das Geheimnis des Beschenktwerdens liegt. Ich hatte ja noch immer den Audi 100, mit dem ich auf den Ringgenhof fuhr und nach Eselsburg.

Im ersten Winter, in dem ich in der Mühle wohnte, fuhr ich zu meiner Mutter nach Herford. Ich fuhr gerne zu ihr hin, weil sie mich freigegeben hatte; das machte unsere Beziehung so einfach. Auf dem Rückweg fing es an zu schneien. Wunderschön, wie die Flocken immer mehr die Autobahn füllten. Der Verkehr wurde immer dichter und plötzlich fuhren wir sehr dicht auf. Mir wurde es zu eng und ich wechselte auf die linke Spur. Ganz allein. Plötzlich scherte vor mir ein Audi aus, drehte eine Pirouette und ich knallte ihm hinten drauf. Ich glaube, Gott wollte das so. Er wollte nicht, dass ich so ein nobles Auto fahre. Es hatte seinen Zweck erfüllt. Alles kam zum Stillstand, und dann kam die Polizei. Die Beamten kamen direkt auf mich zu und schimpften mit mir, ich sei viel zu schnell gefahren. Ich schaute sie wohl ziemlich verdattert an, und sie fragten mich, ob ich nicht der Fahrer des vorderen Audis sei. Ich verneinte das und sagte, ich sei maximal 40 gefahren, schneller ging es doch gar nicht bei diesem Wetter. Das veränderte die Situation. Plötzlich waren sie freundlich und nahmen sich den anderen Fahrer vor. Am Ende zahlte die Vollkaskoversicherung den Schaden des Unfallverursachers. Es ist eher selten, dass ein Fahrer freigesprochen wird, der einem anderen hinten drauf fährt. Die Polizei hatte es genau beobachtet und kam zu dem Ergebnis, das der Vordere der Unfallverursacher war.

Mein Auto wurde nicht mehr repariert. Es hatte einen wirtschaftlichen Totalschaden. Gott hatte spürbar eingegriffen. Von nun an fuhr ich mit der Bahn. Manchmal sogar pünktlich.

Der Abend der Ermutigung

Es braucht eine Vision, einen Auftrag, eine Leidenschaft. Ich hatte alles. Meine Vision war, Menschen zum Leben und Glauben an Jesus zu ermutigen. Mein Auftrag war, in der Mühle geistliches Leben in der Nachfolge Jesu zu leben, und meine Leidenschaft war es, den Menschen etwas mitzugeben, was sie in ihrem täglichen Leben anwenden konnten.

Ich spielte damals noch Gitarre und konnte viele Lieder begleiten. Virtuos war das sicher nicht, aber es reichte. Alles, was ich machte, wollte ich exzellent machen. Exzellenz braucht keinen Vergleich. Exzellent ist alles, was wir so gut machen, wie wir es nur können. Und wenn ich es später noch besser kann, ist es wieder exzellent. Das wollte ich, und damit bot ich den vierzehntägigen Abend der Ermutigung an. Er sprach sich in der Gegend herum, und die Kapelle füllte sich mit jedem Abend etwas mehr, bis sie endgültig zu klein wurde. Wir zogen von der Kapelle ins Foyer und froren im Winter oft, weil wir den Raum noch nicht heizen konnten.

Eines Abends fielen mir zwei neue Frauen auf. Vierzehn Tage später kam nur noch eine der beiden. Es war Annerose, und sie wurde für zehn Jahre ein festes Mitglied. Dann blieb sie plötzlich weg. Sie hatte sich in mich verliebt, und ich hatte davon nichts gemerkt. Dass ich sie viele Jahre später heiraten sollte, davon ahnte ich damals noch nichts. Gar nichts!

Es war eine schöne Gemeinschaft an diesen Abenden der Ermutigung. Zu manchen der Menschen, die regelmäßig kamen, verband mich eine immer tiefere Beziehung. Mit einigen war ich schließlich 18 Jahre unterwegs. Wir lernten uns kennen und schätzen und trugen manches Leid und manche Freude miteinander.

Ab und zu kamen Frauen manchmal wohl auch, weil sie, neben Lobpreis und Predigten, mich als Mann mochten. Ich habe das nie bemerkt. Die Frauen unserer Gemeinschaft versuchten es mir zu sagen. Ich bin dann jeweils zu der Frau, die scheinbar mehr wollte, hingegangen und habe die Situation geklärt. Auch wenn ich Gnadenthal verlassen hatte, mein zölibatäres Leben war mir nach wie vor wichtig. Ich hatte es Gott versprochen. Manche der Frauen kamen weiterhin, andere blieben weg.

Ich liebe den schwäbischen Dialekt. Er hat etwas Liebliches, Freundliches in seiner Art. Da ich selber Westfale bin und keine Mundart spreche, habe ich auch nie versucht, schwäbisch zu sprechen. Aber ein paar Worte gefielen mir. Mit der Zeit beendete ich jeden Hausabend (so nannten wir den Abend der Ermutigung) mit den Worten: „Es gibt no ebbes!" („Es gibt noch was.") Das wurde im Laufe der Jahre zu einem geflügelten Wort, weil sich dahinter etwas verbarg, was alle sehr schätzten: Zeit füreinander, etwas zu trinken und zu knabbern. Hier gab es oft die besten Gespräche, hier wurden wichtige Informationen ausgetauscht und viele gute Beziehungen geknüpft. Beziehungen zu pflegen braucht Zeit und Gelegenheit. Ich habe die Abende extra früh beendet, damit wir Zeit füreinander hatten, und die meisten nutzen diese Gelegenheit, um tiefer miteinander ins Gespräch zu kommen.

Entwicklung

Die Mühle wurde nach und nach renoviert. Ein besonderer Tag war der monatliche Gemeinschaftstag. Da kamen alle Mühlrädler und etliche Gäste. Wir arbeiteten und feierten zusammen.

Der Samstagabend wurde zu einem Fest. Aus Gnadenthal hatte ich die Tradition mitgebracht, den Sonntag am Samstagabend zu begrüßen. Eine umfangreiche, lebendige Liturgie, die die Schabbat-Liturgie der Juden als Grundlage hat. Die Kinder hatten ihre Freude daran, weil sie viele der Passagen auswendig kannten und mitsprechen konnten. Es gibt in der Liturgie einen Teil, in dem wir unsere Erfahrungen der letzten Woche austauschen durften. Was konnten wir da von den Kindern lernen! „Ich durfte diese Woche auf einen Baum steigen, und mein Papa hat mich festgehalten!" „Meine Mama und ich waren einkaufen und ich durfte ihr beim Tragen helfen." „In der letzten Woche war ich krank. Mein Papa hat mit mir gebetet, und dann ging es mir besser." „In der Schule hat ein Mädchen geweint, und ich habe sie getröstet."

Die Erwachsenen erzählten von ihrer Arbeit, ihren Sorgen und ihren Familien. Unsere Gemeinschaft lebte vom Teilen, vom gegenseitigen Tragen und von den vielen kleinen gemeinsamen Wegen, die wir miteinander gegangen sind.

Im Mitteilen dieser ganz normalen Dinge gaben wir etwas von unseren Schwächen, von unseren Stärken und von den Freuden und Niederlagen preis. Das schweißte zusammen. So bauten wir eine tiefe und liebevolle Gemeinschaft. Ich entdeckte, dass das Thema Gemeinschaft ein Hauptthema in der Bibel ist. Es würde ein anderes Buch füllen, wenn ich hier auf alle Aspekte eingehen wollte. Gott hat den Menschen gleich im Doppelpack geschaffen. Der Mensch ist Mann und ist Frau. Zwei polarisierende Kräfte, die im Miteinander neues Leben schaffen. Und immer braucht der Mensch den Menschen. Eine spannende, herausfordernde Geschichte bis heute. Der Mensch erfährt in der Gemeinschaft Geborgenheit, Liebe und Vertrauen. Wir brauchen das Gegenüber, um uns selber zu entdecken und zu erfahren, dass wir auf Ergänzung angelegt sind. Darum brauchen wir Gemeinschaft, in welcher Form auch immer.

Nach einem Vierteljahr wurde ich von der Gemeinschaft gefragt, ob ich mir vorstellen könne, der geistliche Leiter der Gemeinschaft zu werden. Ich machte mir diese Entscheidung nicht leicht, aber immer, wenn es eine Herausforderung gab, die von außen an mich herangetragen wurde, spürte ich, dass Gott eine Tür aufmacht. Ich ging durch diese Tür und ahnte nicht, dass sie erst nach 18 Jahren wieder geschlossen werden würde.

Nachfolge-Training oder Nachfolgetraining oder das Training in der Nachfolge Jesu

Manchmal fällt es mir schwer, etwas so auszudrücken, wie ich es wirklich meine. Manchmal ist es in einer anderen Sprache einfacher. Im Englischen würde es Discipleship Training heißen.

Aber wir lebten ja nicht in England oder Amerika. Wir lebten in Deutschland und dazu noch in Württemberg. Hier spricht man schwäbisch und würde vielleicht sagen: „Du muscht a Mann werde". Oder „Du muscht a Frau werde!" („Du musst ein Mann bzw. eine Frau werden!")

Ein Mann oder eine Frau nach dem Herzen Gottes. In der Bibel war dieser Titel unter zwei anderen nur noch David zugedacht. David war ein Mann, der seine Hormone nicht zügeln konnte, der einen Mord nicht scheute und hinterlistig war, der das Kriegsbeil erhob und für sein Volk und seinen Gott kämpfte. Die Frage, warum er trotzdem ein Mann nach dem Herzen Gottes war, verrät am ehesten die Geschichte, in welcher der Prophet Nathan ihm sein Unheil verkündigte. Da reagiert David mit Buße und verstrickte sich nicht in Rechtfertigung. Er war ein Mann nach dem Herzen Gottes. Trotz allem, was er falsch gemacht hatte und wodurch er eigentlich den Tod verdient hätte, war er nicht nur ein Mann nach dem Herzen Gottes, sondern wurde auch wie Mose als Freund Gottes bezeichnet.

Das war meine Motivation, jungen Menschen Mut zu machen, ein „Jedidia" zu werden, ein Freund Gottes. Egal, was du tust, egal wo du herkommst, du kannst mit deinem Leben etwas in dieser Welt bewegen, wenn es aus deinem Herzen kommt.

So begann für die ersten zwei jungen Männer in der Mühle das Nachfolgetraining. Da dieser Begriff nicht für alle eindeutig war, haben wir ihn später in „Mitlebende" unbenannt. Aber das gefiel mir auch nicht. Es sagte nicht wirklich das aus, was mir wichtig war. Dann übernahmen wir den Begriff aus Gnadenthal, und die Mitlebenden waren in der „Lebensschule".

Da ich nie viel Geld hatte, konnte ich auch keine Ausbildung machen, die Geld gekostet hätte. Deshalb tat ich das, was ich immer tat, wenn ich etwas lernen wollte: Ich las Bücher und versuchte, das Gelesene in die Tat umzusetzen. Ich las von Erich Kästner das Wort: „Es gibt nichts Gutes, außer man tut es!" Das wurde mein Leitspruch, zumal er mit dem Ende der Bergpredigt übereinstimmt: „Darum, wer diese meine Rede hört und tut sie, der gleicht einem klugen Mann, der sein Haus auf Fels baute. Als nun ein Platzregen fiel und die Wasser kamen und die Winde wehten und stießen an das Haus, fiel es doch nicht ein; denn es war auf Fels gegründet."[3]

Wenn Glaubensinhalte keine Auswirkung auf das Leben haben, was macht der Glaube dann für einen Sinn? Jakobus, der Bruder Jesu und erster Bischof von Jerusalem, der mein Namensgeber war, schrieb seinen Brüdern: *„Seid aber Täter des Wortes, nicht bloß Hörer, die sich selbst betrügen. Denn wer das Wort bloß hört, nicht aber danach handelt, gleicht einem Mann, der sein Gesicht, das er von Geburt hat, im Spiegel betrachtet: Er betrachtet sich selbst, geht weg und vergisst sogleich, wie er aussieht. Wer sich aber in*

---

[3] Matthäus 7,24-25

das vollkommene Gesetz vertieft, das Gesetz der Freiheit, und dabei bleibt, wer also nicht ein Hörer ist, der alles wieder vergisst, sondern ein Täter, der sein Werk tut, der wird selig sein bei dem, was er tut!"[4]

In diesen Jahren haben viele junge Männer und Frauen ihren Lebensweg bei uns gefunden. Im Grunde waren es ganz fitte Leute, die eine Auszeit brauchten, um sich neu zu orientieren. Es gab auch Leute, die nicht so fit waren. Sie alle wollten an ihren Beziehungsproblemen arbeiten, die sie mit sich selber, mit Gott und anderen Menschen hatten. Sie lernten, dass das Leben in der Nachfolge Jesu eine Kraft ist, die auch in Trübsalen und in Niederlagen trägt und hilft und Hoffnung gibt. Manche studierten anschließend, manche erlernten einen handwerklichen Beruf, andere schafften den Sprung ins Leben nicht wirklich.

Ein junger Mann, der zu unserer Gemeinschaft gehörte, schaffte es nicht. Er verließ uns und machte eine Odyssee durch viele psychiatrische Kliniken. Bei einem Urlaub aus der Klinik sprang er vor einen fahrenden Zug. Man versteht nie alles, und man kann auch nie alles sehen. Auch ein psychisch kranker Mensch ist bis zu einem gewissen Grad für sein Leben verantwortlich. Selbstmord ist ein sehr tragisches Ende der Eigenverantwortung. Das war für uns alle ein großer Schmerz, zeigte uns aber zugleich auch die menschliche Dimension von Leid, Kummer und Traurigkeit, der wir alle gegenüberstehen. Wie dankbar können wir sein, wenn wir unser Leben glücklich leben dürfen!

Gemeinschaft ist eine Herausforderung

Gemeinschaft zu leben, fordert den ganzen Menschen. Aber was ist der ganze Mensch? Sind wir alle gleich? Haben wir alle die gleichen Ziele, Bedürfnisse und Hoffnungen?

Wie kann alles schriftlich niederlegt werden, alles bis ins Detail beschrieben sein, was sein soll bzw. was nicht sein soll? Durch die Unterschiedlichkeit der Personen und ihrer Lebensmuster wird immer wieder alles in Frage gestellt. Es gibt Gemeinsamkeiten, aber

---

[4] Jakobus 1,22-25

auch die müssen reflektiert werden, müssen besprochen und bejaht werden. Jeder darf sich einbringen mit dem, was er ist, wie er ist und wer er ist.

Jetzt war ich der geistliche Leiter einer christlichen Lebensgemeinschaft und hatte die Chance, alles, was ich vorher vermisst hatte, besser zu machen. Ich hatte meine Erfahrungen in Gnadenthal gemacht. Ich wusste, was passiert, wenn Menschen, die Verantwortung haben, ihrem „alten Adam" erlegen sind und nicht auf das hören, was der Heilige Geist von ihnen und durch sie erreichen möchte. Mir war das alles deutlich vor Augen, aber ich wusste auch, wer ich war und wie der „alte Adam"[5] auch in mir versuchte, Raum zu gewinnen. In dieser Position versuchte ich, die Entscheidungen der Leitung in Gnadenthal zu verstehen. Ich verstand sie nicht. Ich kannte meine Stärken, sah meine Schwächen. Oft war das Leben für mich ein innerer Machtkampf. In meiner Persönlichkeitsstruktur ist das Gewinnen ein Muss, aber in der Liebe zu den Brüdern und Schwestern lernte ich, mich nicht zum Maßstab zu machen. Trotzdem wirkte ich auf andere Menschen oft einschüchternd. Man sagte mir, ich sei dominant, obschon ich das nicht wollte. Ich bin ein Mensch mit einer starken Ausstrahlung. Ich hatte gelernt, Mitgefühl zu zeigen und hatte ein schlechtes Gewissen, wenn ich jemanden abgekanzelt hatte.

Ich richtete mein Leben nicht danach aus, was andere von mir dachten. Ich kleidete mich so, wie es mir gefiel, und machte mir einen Spaß daraus, etwas zu tun, was andere nie tun würden. Einmal fuhr ich im Bademantel mit Badehose auf dem Fahrrad durch das Eselsburger Tal zum Hallenbad. Ich dachte, es sei praktisch. Später wurde diese Episode noch einmal an besonderer Stelle erwähnt. Ich bemühe mich in guter Weise zu sagen, was ich denke. Meine Fähigkeit, etwas durchzusetzen, was ich will, oder wenigstens die Aufmerksamkeit auf das zu lenken, was mir wichtig erscheint, war in vielen Fällen nützlich für die Gemeinschaft, in der ich lebte. Wenn ich mit etwas unzufrieden war oder mir etwas nicht passte, habe ich versucht, es deutlich zu äußern.

---

[5] Vom „alten Adam" spricht man in einem notvollen Zusammenhang, wenn man den Menschen mit seinen Schwächen hervorheben will. „Den alten Adam ausziehen" heißt so viel wie „seine Fehler ablegen und ein neues (Gott wohlgefälliges) Leben führen".

Geistlicher Leiter

Und nun war ich geistlicher Leiter, hatte die Fürsorge für viele Menschen und musste lernen, mit meinem Persönlichkeitsmuster so umzugehen, dass ich den anderen nicht schade, sondern zum Segen werde.

Wenn jemand verheiratet ist und eine gute Ehe führt, in der Ermutigung und Kritik, Streit und Versöhnung gelebt wird, dann kann er besser an sich arbeiten. Ich war aber allein, hatte außer meinem Freund Dietmar niemanden, der mir sagte, wo die berühmten „Glocken hängen". Dietmar hatte mir einmal gesagt, ich sei selbstgerecht und würde mit zweierlei Maß messen. Erst habe ich mich gewehrt, aber er hatte recht, und dann habe ich versucht, darauf zu achten. Diese Erfahrung brachte mich dazu, die Gemeinschaft zu bitten, mir zu sagen, wenn sie etwas an mir wahrnahmen, was nicht gut war und was ich ändern sollte. Ich dachte, es würde funktionieren und ich hätte meine Lektion gelernt. Doch eines Tages kam einer der Familienväter zu mir und sagte mit zitternder Stimme: „Jakobus, ich muss mal mit dir reden!" Oh Backe, da kommt Dickes auf mich zu! Ganz offen und freundlich sagte ich ihm: „Gerne, jetzt gleich?" „Ja, jetzt gleich!" Und dann sagte er mir, dass ich mir nichts sagen lasse. Ich hätte immer eine rechtfertigende Antwort parat, und sie hätten sich jetzt entschlossen, mir eben nichts mehr zu sagen.

Das war hart, aber fair! Ich entschuldigte mich, bedankte mich und versprach, dass ich das ab sofort ändern würde. Als er weg war, saß ich in meinem Büro und war ziemlich verzweifelt. Wie soll ich das machen, wie nehme ich das wahr, wenn mir jemand was sagt, was mir nicht passt? Dann hatte ich eine Idee, die ich bis zum heutigen Tage praktiziere: Wenn mir jemand etwas Kritisches sagt, sage ich: „Danke, dass du die Freiheit hast, mir das zu sagen. Gib mir etwas Zeit, darüber nachzudenken, und ich werde in den nächsten Stunden auf dich zukommen."

Wenn ich die Sache überlegt hatte und sah, dass ich einen Fehler gemacht hatte, dann ging ich zu der Person hin und bat sie im Namen Jesu um Vergebung. Wenn es die ganze Gemeinschaft betraf, habe ich mich in dieser Form bei der Gemeinschaft entschuldigt und um Vergebung gebeten. Wenn ich spürte, dass der andere nur seinen Frust an mir ausgelassen hatte, weil er mit dem, was er wollte, nicht

durchgekommen oder auch in anderer Weise seine eigene Befind-
lichkeit mit einem Angriff geschützt hatte, dann sagte ich: „Es tut
mir leid, dass du die Dinge so ganz anders siehst als ich. Vielleicht
können wir noch einmal darüber reden, damit ich dich besser verstehe oder du mich besser verstehst." Wenn dieses Gespräch zustan-
de kam, war es immer gut. Oft aber wollte die Person es gar nicht
mehr.

Ich wollte auf keinen Fall die Fehler machen, die mir in Gnadenthal das Leben unmöglich gemacht hatten. Alles kann ich nicht verhindern. Es haben mich auch nicht alle geliebt. Ich habe auch nicht
alle geliebt. Mit manchen musste ich trotzdem so liebevoll umgehen, wie es mir möglich war. Ich fand, dass das Amt eines geistlichen Leiters eine schöne, aber auch schwere Aufgabe ist. Man bewegt sich zwischen dem Anspruch des Wortes Gottes und den Bedürfnissen der Gemeinschaft. Ich brauchte einen Maßstab, an dem
ich mich orientieren konnte. Die Begegnung Jesu mit dem Pharisäer
wurde zu meinem Leitbild: *„Als aber die Pharisäer hörten, dass er
die Sadduzäer zum Schweigen gebracht hatte, versammelten sie sich
am selben Ort. Und in der Absicht, ihn auf die Probe zu stellen,
fragte ihn einer von ihnen, ein Gesetzeslehrer: Meister, welches Gebot ist das höchste im Gesetz? Er sagte zu ihm: Du sollst den Herrn,
deinen Gott, lieben mit deinem ganzen Herzen und mit deiner ganzen Seele und mit deinem ganzen Verstand. Dies ist das höchste und
erste Gebot. Das zweite aber ist ihm gleich: Du sollst deinen Nächsten lieben wie dich selbst. An diesen beiden Geboten hängt das ganze Gesetz und die Propheten."*[6]

Aber dann sind da auch noch die „tausend" unterschiedlichen
menschlichen Situationen, mit denen ich es zu tun hatte. Ich glaube,
dass das Problem, das ich in Gnadenthal hatte, die Tatsache war,
dass ich als erwachsener Mensch nicht wirklich sagen konnte, was
zur Gestaltung der Gemeinschaft beigetragen hätte. Die Leiterschaft
war von sich aus so eingegrenzt, dass es keine Möglichkeit gab, etwas beizutragen. Wir waren ja alle noch sehr jung und bereit, gehorsam zu sein. Aber wir wurden älter und trotzdem noch wie junge
Männer behandelt. Das ging auf die Dauer nicht gut. Ich sah dieses
Problem sehr deutlich und war einer der Betroffenen, vor dem man

---

[6] Matthäus 22,34-40

eher Angst hatte, dass er zu stark wird. So kam es zur Machtausübung und Unterdrückung. Das nimmt viel Kreativität und hat wenig mit Wertschätzung zutun.

Genau diese Situation wollte ich in meinem Amt vermeiden. Ich wollte auf keinen Fall mit meinem Amt Macht ausüben. Das bedeutete aber, dass alles viel langsamer ging und viel Gespräch brauchte, aber am Ende waren wir meistens da, wo alle mitkonnten. Immer wieder kam mir das Wort von Jesus in den Sinn: „Aber ihr sollt euch nicht Rabbi nennen lassen; denn einer ist euer Meister; ihr aber seid alle Brüder. Und ihr sollt niemand euren Vater nennen auf Erden; denn einer ist euer Vater: der im Himmel. Und ihr sollt euch nicht Lehrer nennen lassen; denn einer ist euer Lehrer: Christus. Der Größte unter euch soll euer Diener sein."[7] Keine leichte Aufgabe, aber ein Fundament für eine geistliche Leiterschaft, wenn sie gelingen soll. Meine Intension war nicht die, dass ich besser bin als die in Gnadenthal. Ich wollte nur aus dem, was ich als Fehler gesehen habe, lernen. Auch ich habe nicht alles richtig gemacht.

Irgendwann ergab sich für mich die Möglichkeit, mehr Schulung im Bereich der Seelsorge zu bekommen. Ich las von einem Angebot der Deutschen Gesellschaft für Biblisch-Therapeutische Seelsorge (BTS). Sie schrieben in ihrem Leitbild:

Die Entwicklung der Psychotherapie in den vergangenen 20 Jahren vollzieht sich immer mehr in Richtung auf eine schulenübergreifende integrative allgemeine Psychotherapie. Von Anfang an war „Methodenpluralität" ein oft genannter Grundbegriff der BTS. Das IPS[8] sieht seine Aufgabe darin, mit geistlicher Wachsamkeit, wissenschaftlicher Offenheit und Redlichkeit die Erkenntnisse moderner Psychotherapieforschung für die Seelsorge fruchtbar zu machen und umgekehrt eine geistlich belebende Kraft für die moderne Psychotherapie zu sein.[9]

Das hatte mich angesprochen und war bezahlbar. So machte ich die 500-stündige Ausbildung und bekam das nicht staatlich anerkannte BTS-Diplom.

---

[7] Matthäus 23,8-11
[8] Institut für Psychologie und Seelsorge
[9] Aus dem Leitbild der BTS.

Wie schon in Gnadenthal, war ich jeden Tag in der Seelsorge beschäftigt. Zuerst beriet ich nur Einzelpersonen, dann sah ich die Notwendigkeit einer Gruppentherapie und gründete eine therapeutische Männergruppe, die sich wöchentlich mit mir traf. Diese Gruppe wurde für viele Männer ein Meilenstein in ihrer persönlichen Entwicklung.

Immer mehr Frauen kamen zu mir, und so gründete ich auch eine therapeutische Frauengruppe, die sich ebenfalls wöchentlich mit mir traf. Da ich keine Berührungsängste mit Frauen habe und ihre vielfältige Not sah, half ich ihnen, durch die Gruppentherapie zu einem stabilen und hoffnungsvollen Leben zu kommen.

Es war ungewöhnlich in der Seelsorge, dass Männer Frauen berieten. Aber was ungewöhnlich ist, muss ja nicht falsch sein. Ich dachte, dass Ärzte, die Männer sind, ja auch Frauen behandeln. Warum sollte ich als Mann nicht Frauen beraten können? Also habe ich es gewagt, und es ging gut!

Jetzt hatte ich viel zu tun. Ich brauchte Zeit für die Gemeinschaft. Ich brauchte Zeit für die Lebensschule. Ich brauchte Zeit für die Einzelberatung und die Gruppentherapie.

Es sprach sich schnell herum, dass in der Mühle ein Mann war, der zuhörte und Wege fand, wie man aus dem eigenen Dilemma (einer Lebenskrise) herauskommt. Und schon kamen die ersten Ehepaare zur Beratung. Ich hatte ihnen immer gesagt, ich sei ledig, lebe zölibatär und hätte keine Erfahrung in der Ehe, aber im Gemeinschaftsleben. Es war ihnen ganz egal; sie brauchten jemanden der zuhörte und ihnen half, ihre Konflikte zu bereinigen. Ich gab mein Bestes und habe sie nicht nur beraten, sondern auch für sie gebetet und ihnen in meiner offenen Art gesagt, wenn ich etwas erkannt hatte. Wenn ich sah, dass sie etwas taten, was sie nicht weiterbringen und sie nicht glücklich machen wird, dann habe ich es angesprochen.

Es gibt eine Schöpfungsordnung Gottes für die Menschen. Wenn wir das Gesamtbild Erde und die Menschen und alles, was darin lebt, in einem Ordnungsgefüge sehen, dann gilt für den Menschen die Ebenbildlichkeit Gottes. Das bedeutet aber, dass wir auch das als Grundlage zum Leben haben, wie Gott es sich vorgestellt hat. Gott ist Geist, und er wirkt in uns durch seinen Geist. Paulus benennt die Frucht, die aus dem Leben im Geist Gottes hervorgeht: Liebe, Freude,

Friede, Geduld, Freundlichkeit, Güte, Treue, Sanftmut und Keuschheit.[10] Das sind Wesensmerkmale Gottes, und die gehören zu seinem Schöpfungsgedanken für den Menschen. Das zu leben, ist ein Leben in seinen Ordnungen.

Es gibt eine biblische Klarheit für die Menschen. Das ist die Liebe, die sich in den „Früchten des Geistes" zeigt. Liebe ohne diese Inhalte sagt erst einmal gar nichts aus. Wenn sie aber durch Freude, Friede, Geduld, Freundlichkeit, Güte, Treue, Sanftmut und Keuschheit einen Inhalt bekommt, dann weiß man auch, warum Paulus die Liebe aus der Kraft des Geistes Gottes so beschreibt: „Die Liebe ist langmütig und freundlich, die Liebe eifert nicht, die Liebe treibt nicht Mutwillen, sie bläht sich nicht auf, sie verhält sich nicht ungehörig, sie sucht nicht das Ihre, sie lässt sich nicht erbittern, sie rechnet das Böse nicht zu, sie freut sich nicht über die Ungerechtigkeit, sie freut sich aber an der Wahrheit; sie erträgt alles, sie glaubt alles, sie hofft alles, sie duldet alles."[11] Damit ist der natürliche Mensch überfordert. Letztendlich aber wird die Liebe an diesen Auswirkungen gemessen.

Für uns Männer gibt es noch den Ehrenkodex der Ritterlichkeit. Das wird heute nicht mehr gelehrt und leider nicht gelebt; es ist aber genau das, was uns Männer zu einer angenehmen und wertschätzenden Person macht. Die ritterlichen Attribute sind Demut, Würde, Freundlichkeit, Höflichkeit und Respekt, Tapferkeit und ein maßvolles Leben, Zurückhaltung und Großzügigkeit, hingebungsvolle Liebe, Beständigkeit und Treue. Wenn Männer das in ihrer Ehe leben, dann kann es gut werden, zumal dann, wenn Frauen in wertschätzender Weise darauf reagieren.

Man(n) muss das nicht leben. Jeder kann machen, was er will. Wenn es gut werden soll, dann ist es der richtige Weg.

Für mich und meine Beratung wurde das folgende Wort von Paulus – er war übrigens auch nicht verheiratet, hatte aber die besten Ideen für die Eheberatung – wichtig: *„Ist nun bei euch Ermahnung in Christus, ist Trost der Liebe, ist Gemeinschaft des Geistes, ist herzliche Liebe und Barmherzigkeit, so macht meine Freude dadurch vollkommen, dass ihr eines Sinnes seid, gleiche Liebe habt,*

---

[10] Galater 5,22

[11] 1. Korinther 13,4-7

einmütig und einträchtig seid. Tut nichts aus Eigennutz oder um eit-
ler Ehre willen, sondern in Demut achte einer den andern höher als
sich selbst, und ein jeder sehe nicht auf das Seine, sondern auch auf
das, was dem andern dient."[12] Wenn ich von den Schöpfungsord-
nungen Gottes spreche, gehört dieses Wort von Paulus dazu.
Dieses Prinzip gilt nicht nur für Ehepaare. Es gilt für jede Beziehung, auch für jede Gemeinschaft. Dass es so viel Elend in den Gemeinden gibt, in Hauskreisen und in den Ehen, liegt daran, dass die
Prinzipien der Bibel schnell vergessen werden. In den Auseinandersetzungen geht es häufig darum, Recht zu haben oder Recht zu bekommen. Meine Erfahrung war aber eine ganz andere: Rechthaben
ist das schlechteste Geschäft in der Liebe. Warum? Wir meinen es
doch gut und haben recht, wenn wir es aus unserer Perspektive sehen. Aber es ist eben nur meine Perspektive, und im Beharren auf
meine Position drehe ich meinem Gegenüber die Luft ab.

Wer lieben will, braucht einen Weg, der dem anderen den Raum
ermöglicht, auch seine Position sagen zu dürfen. Wenn ich dem anderen seine Sicht der Dinge zugestehe, bringe ich ihm ein hohes
Maß an Wertschätzung entgegen. Das wiederum ermöglicht eine Situation, in der sich beide ernst genommen fühlen. Das führt zu einer
neuen Ausgangsposition, in der sich ein neuer und guter Weg für
beide finden lässt. Es ist ein schwerer Weg, weil wir ihn nicht gewohnt sind zu gehen. In guten Zeiten kann ich ihn beschreiten, dann
ist er auch in Krisenzeiten verfügbar.

Ich habe mit vielen Paaren und Einzelpersonen diesen Weg besprochen. Ich habe ihnen Mut gemacht, miteinander über diesen
Weg zu sprechen. Wir haben in den Sitzungen geübt, wie man heik-
le Gespräche zum Guten führen kann, und immer sind es die gleichen
Muster, die helfen, einander zu verstehen: Zuhören zeigt Wertschätzung und Offenheit für die Position des Partners. Es ist ein Dilemma, dass viele Ehepaare nicht mehr miteinander reden können, weil
jedes Gespräch zum Streit führt. Aber es gibt Hilfe, wenn sie lernen
möchten, wie sie es richtig machen können. Auch in den Gemeinschaften fehlt es oft an einer hilfreichen Kommunikation. Auch
frommes Fleisch ist Fleisch. Darum reagieren fromme Menschen
in der Regel wie jeder andere. Marshal Rosenberg hat in seiner

---

[12] Philipper 2,1-4

gewaltfreien Kommunikation Wege aufgezeigt, die anwendbar, hilfreich und weiterführend sind. [13]

Die Brenz

Ich bin zweimal in der Mühle umgezogen. Zum Schluss lebte ich im ersten Stock mit Blick auf die Brenz (der Fluss, der die Mühle früher antrieb. Ich liebe das Wasser, und oft stand ich nur am Fenster und schaute dem Fluss zu, wie er sein Wasser Richtung Schwarzes Meer trug. Manchmal ging ich an unseren Bootssteg, setzte mich dort hin und ließ meine Gedanken mit dem Wasser davontragen. Fließendes Wasser hat für mich einen lebendigen Charakter. Es ist nicht aufzuhalten. Es kann aufgestaut werden, um die Kraft des Ablassens für Energiegewinnung zu nutzen. Im Fluss des Wassers erkenne ich mich selbst. Immer in Bewegung, und wenn es zum Stau kommt, entlädt sich nachher eine enorme Energie.

Wir hatten auch Boote. Im Sommer waren sie ein beliebtes Sportgerät für jung und alt. Einmal hatte ich ein Ehepaar zur Beratung, die nicht gut miteinander auskamen. Sie redeten ständig aneinander vorbei, was sie aber nicht merkten. Das Resultat ihrer Gespräche war miserabel. Ehekrieg an vielen Fronten.

Ich fragte sie, ob sie nicht einmal miteinander Kanu fahren wollten. Sie waren begeistert. Ich auch, aber ich wusste, es würde im Chaos enden, hoffentlich nicht im Mord.

Sie stiegen in das Boot, entledigten sich vorher aller Wertsachen, und dann paddelten sie los. Ich schaute ihnen zu und musste lachen. Ich verbarg mich hinter einem Baum. Die Brenz ist etwa zehn Meter breit und hat eine gewisse Strömung, die bezwungen werden muss. Die beiden im Boot machten das fantastisch. Schrien sich an und kamen von einem Ufer zum anderen, aber keinen Meter voran. Irgendwann gab einer der beiden frustriert auf, und der andere konnte das Boot alleine in Richtung bringen. Es war lustig und tragisch. Ich dachte, dass so eine komische Situation ganz häufig passiert, und andere Menschen, die zuschauen, drehen sich kopfschüttelnd ab.

---

[13] Marshall Bertram Rosenberg (1934–2015) war ein US-amerikanischer Psychologe. Rosenberg war Gründer des gemeinnützigen *Center for Nonviolent Communication* und international tätiger Mediator.

Die beiden kamen wieder an Land, stiegen aus, waren frustriert und schauten mich verzweifelt und beschämt an. Wir gingen zurück in mein Arbeitszimmer und besprachen, was da schiefgelaufen war. Sie hörten nicht aufeinander. Jeder wollte der Bestimmer sein, bis schließlich einer frustriert aufgab und nur einer weitermachte. In vielen Situationen erleben wir das, und hier unterscheidet sich die Ehe nicht von einer Gemeinschaft. Manchmal muss man sich einigen, wer das Sagen hat. Dann klappt es. Nach einer Stunde Gespräch wollten sie noch einmal Kanu fahren. Dieses Mal klappte es. Nach ein paar Anlaufschwierigkeiten sogar hervorragend. Nach einer Stunde kamen sie glücklich wieder an den Bootssteg zurück. Das war praktische Seelsorge und Beratung.

Einmal hatte ich eine Familie zu Besuch. Auch sie wollten Kanu fahren und kamen in eine entsetzlich gefährliche, aber auch lustige Situation. Ich wusste nicht, dass es auch Kanus gibt, die nur durch eine gute Balance sicher durch das Wasser fahren können. Genau dieses Boot gab ich ihnen. Sie fragten mich noch beim Einsteigen, ob das auch nicht kippen würde. „Nein!" war meine überzeugte Antwort. Schon beim Einsteigen sah es ziemlich wackelig und gefährlich aus. Vater, Mutter und Kind. Der Vater stieg zuerst ein und machte ein ängstlich überlegendes Gesicht. Dann stieg der Junge ein und das Boot schien mehr zu wackeln, was in mir eine schreckliche Vorahnung erzeugte. Als die Mutter einstieg und der Vater das Boot vom Anleger stieß, kam alles auf einmal. Ein Schrei, und was vorher oben war, war plötzlich unten. Der Junge tauchte wieder auf und schrie: „Ich fahre nie wieder Boot!" Dann war er wieder weg. Alle wurden gerettet, alle waren nass, und das Boot trieb flussabwärts dem Schwarzen Meer entgegen. Die Brenz mündet südlich von Ulm in die Donau, und die Donau fließt ins Schwarze Meer.

Es war eine gute Schule für mich. Ich muss wissen, was ich tue, damit ich niemanden ins Unglück stürze. Gut gemeint kann tödlich ausgehen.

Mein fünfzigster Geburtstag

Es ist kaum zu glauben, wie schnell ich 50 Jahre alt geworden bin. Die „Mühlrädler" organisierten ein riesiges Fest. Ich lud meine

Mutter ein, und sie war der Star. Ich hielt an diesem, meinem Ehrentag eine Laudatio auf meine Mutter. Sie war eine Frau mit Selbstbewusstsein und war zugleich auch schüchtern. Wenn es aber um ihre Kinder ging, dann hatte sie vor nichts Angst. Ich erinnerte an eine Begebenheit aus unseren Kindheitstagen.

In unserer unmittelbaren Nachbarschaft lebte ein älteres Ehepaar, Onkel August und Tante Paula. Sie hatten eine Kuh und zwei Schweine. Für die Schweine kochten sie einmal in der Woche Kartoffeln. Kartoffeldämpfer gab es auf allen Bauernhöfen. Ein riesiger Topf auf dem Holzofen. Die Kartoffeln wurden etwas sauber gemacht und dann mit wenig Wasser gedämpft. Sie waren fertig, wenn sie mit den Händen zerdrückt werden konnten. Jeder der gerne Kartoffeln ist, liebt diese gedämpften „Schweinekartoffeln". Ich wusste immer, wann Tante Paula die Kartoffeln dämpfte, und dann kamen wir Kinder und wollten einfach nur Guten Tag sagen. Tante Paula wusste, was wir vorhatten, und jeder durfte sich eine Kartoffel nehmen. Wir haben gestrahlt und gegessen.

Unser Vermieter wollte uns aus dem Haus haben und zeigte meine Mutter beim Jugendamt an mit der Begründung, sie könne ihre Kinder nicht richtig ernähren und deshalb müssten sich ihre Kinder von den „Schweinekartoffeln" der Nachbarn ernähren. Als das Jugendamt kam, um die unterernährten Kinder zu begutachten, war es ihnen peinlich, saubere und wohlgenährte Kinder zu sehen. Sie sagten meiner Mutter aber trotzdem, ihre Kinder würden einen Vormund bekommen. Das war eine Kampfansage für sie. Wir bekamen keinen Vormund. Sie kamen an dem, was sie gesehen hatten und was meine Mutter sagte, nicht vorbei.

Wir alle waren stolz auf unsere Mutter. Sie war immer ein großes Vorbild für uns, wenn es um Gradlinigkeit ging. Sie hat uns das Kämpfen für eine gute Sache gelehrt. Und sie hat uns geliebt. Jedes ihrer vier Kinder, so wie es jedes brauchte.

Und nun war sie hier. Alt geworden, aber immer noch eine glückliche Frau mit Ausstrahlung und Würde. Niemals vorher und auch nachher hatten ihr mehr Menschen die Hände gedrückt, als an diesem Tag. Es gibt nichts Schöneres, als die eigene Mutter zu ehren, zumal wenn sie mit ihrer Bescheidenheit und ihrem aufopfernden

Leben – wie es eben nur Mütter können – einen wesentlichen Beitrag zum Gedeihen ihrer Kinder geleistet hat.

An diesem Tag lernte auch Annerose sie kennen. Sie war die Frau, die zehn Jahre zum Hausabend gekommen war und dann plötzlich wegblieb. Sie war die Einzige aus der „Hausabendgemeinde", die zu diesem Fest eingeladen war.

Von der Gemeinschaft hatte ich einen alten Bauwagen geschenkt bekommen. Er stank furchtbar nach Benzin und Altöl. Aber nachdem ich ihn vollkommen ausgebeint und wieder neu aufgebaut hatte, war er ein Schmuckstück und ein Refugium für meinen Rückzug. Er stand verborgen auf dem weitläufigen Grundstück unseres Biobauers, der ein Mitglied unserer Gemeinschaft war. Ich hatte den Wagen grün gestrichen, einen Balkon angebaut und fühlte mich sehr wohl darin. Annerose hatte mir Gardinen genäht, die an den zwei Fenstern hingen. Auf der Rückseite des Wagens stand: Es ist, wie es ist. Ich liebte diesen Spruch, weil er der Ausgang jeder Überlegung ist, ob es so bleiben soll oder ob sich etwas verändern soll.

Da ich inzwischen viele Predigtdienste hatte, wurde mir der Bauwagen zu einem inspirierenden Refugium und ein Ort, an dem mir viele gute Gedanken für meine Dienste kamen.

Eines Tages ging ich spazieren und dachte über meine Dienste nach. Mir fiel auf, dass ich bei Predigten nie Lampenfieber hatte. Meistens saßen 100 bis 300 Leute in der Kirche oder in einem Gemeindezentrum. Ich betete zu Gott, er möge mir doch einmal die Gelegenheit geben, vor 1000 Menschen zu sprechen. Ich wollte wissen, ob ich dann Lampenfieber hätte.

Als ich zurück in die Mühle kam, klingelte das Telefon und der Leiter der Zeltstadt in Württemberg rief mich an und fragte mich, ob ich mir vorstellen könne, als Referent in der Zeltstadt in Deggingen bei Geislingen an der Steige zu predigen. Ich hatte von dieser Veranstaltung schon gehört. Etwa 2000 Menschen nahmen daran teil. Etwa die Hälfte der Teilnehmer waren Erwachsene und die andere Hälfte Kinder und Jugendliche. Ich hatte ja gerade dafür gebetet, dass ich einmal vor so vielen Menschen predigen möchte. Also sagte ich spontan zu.

Diese Zeltstadt findet seit 1991 zu Beginn der Sommerferien statt. Sie findet auf dem Gelände der Nordalb statt und ist ein generationsübergreifendes Gemeindecamp. Mit geistlichen Impulsen, Freizeit und viel Spaß verbringen die Menschen dort neun Tage lang ihren Urlaub. Es ist eine Zeit inspirierender Kraft und des Erlebens, dass in christlicher Gemeinschaft tiefe Gotteserfahrungen gemacht werden können und wir Menschen begegnen, die zu Freunden werden. Da mindestens die Hälfte der Teilnehmer Kinder und Jugendliche sind, ermutigen sie ihre Eltern, jedes Jahr wiederzukommen.

Ich war plötzlich einer der Teilnehmer und durfte predigen. Ich spannte meinen Bauwagen hinter einen geliehenen Traktor und fuhr die 50 Kilometer als Verkehrshindernis zur Nordalb. Viele Autofahrer winkten freundlich, andere hupten verärgert, als sie mich endlich überholen konnten. Dabei stand hinten doch gut zu lesen drauf: „Es ist, wie es ist!" In der ersten Reihe im Zelt saß immer Annerose, die für mich betete und sich freute, mich zu sehen, auch wenn ich das nicht wahrnahm.

Nach drei Jahren Zeltstadt in Württemberg sprach mich ein Pfarrer aus Thüringen an und fragte mich, ob ich nicht so etwas in Thüringen organisieren wolle. Ich würde doch die Familienkommunität Siloah gut kennen, die ein entsprechendes Gelände hätte. Es war eine verlockende Idee, aber ich lehnte ab, weil ich das von Württemberg aus nicht machen konnte. Wenn sie aber etwas organisieren würden, wäre ich dabei. So wurde ich in das Leitungsteam der Zeltstadt in Thüringen aufgenommen und wirkte dort von Anfang an mit. In unserer ersten Zeltstadt in Thüringen waren 250 Teilnehmer. Im Laufe der Jahre stieg die Teilnehmerschaft auf 2200. Was für ein Segen! Meine Mitarbeit in der Zeltstadt in Württemberg beendete ich nach fünf Jahren. Später konnte man auf der Webseite der Zeltstadt in Thüringen lesen:

In 17 Jahren hat sich die Zeltstadt in Thüringen mit über 2.200 Teilnehmern zu einem großen Sommer-Event entwickelt. Auf dem Camp-Gelände setzen intensive Bibelarbeiten, herausfordernde Predigten, interessante Seminare und Workshops wertvolle Akzente für das Leben als Christ.
Auch die Kinder und Jugendlichen – das Durchschnittsalter der Zeltstadt liegt bei 22 Jahren! – erleben ein tolles, altersgerechtes

Programm mit viel Spaß, Musik, Aktionen und Kleingruppen. Die Teilnehmer kommen aus Kirchen, Freikirchen und Gemeinschaften. Sie leben für eine Woche in eigenen Zelten, Wohnwagen und Wohnmobilen als Selbstversorger zusammen in Dörfern mit etwa 100 Leuten. Morgendliche Bibelarbeiten, Seminare und altersspezifische Gruppenstunden, Workshops am Nachmittag und die abendlichen Gottesdienste, Abendmahlsfeiern unter dem Kreuz und vieles mehr stehen auf dem Programm. Dazu sind Familien und Singles, Gruppen und Alleinreisende herzlich eingeladen!

Mir ging das Herz auf, dabei sein zu dürfen. Unzählige Menschen haben in diesen Zeltstädten wieder Hoffnung für ihr Leben gefunden. Viele Menschen haben hier ihr Leben Jesus anvertraut und leben seither ein glückliches Leben. Es braucht ein starkes Fundament, um den Stürmen des Lebens standhalten zu können. Nicht Religion oder dogmatische Vorschriften sind es, die den Menschen glücklich machen. Es ist die Liebe Gottes, die ausgeschüttet wird und zuverlässig in allen Lebenslagen ist. Ich wünsche mir von Herzen, dass es diese Orte noch viele Jahre gibt und hier Menschen zum Glauben und Leben an Jesus ermutigt werden.

Auch in der Mühle blieb nicht alles, wie es war. Immer mehr Menschen kamen, suchten Rat und Orientierung. Wir wollten nicht nur predigen, sondern geistliche Gemeinschaft im praktischen Leben erfahren. Wir lebten in einer Zeit des Aufbruchs. Und dann kam das Himmelszelt.

Das Himmelszelt

Das „Himmelszelt" wurde gegründet. Der Gründer war ein visionärer Mensch, hatte viele gute Ideen und ein Herz für seine Mitmenschen. Vielen hat er geholfen. Er war es, der die Mühle zu dem gemacht hat, wie sie heute dasteht. Unzählige Stunden brachte er in die Renovierung ein. Dabei war es ihm immer wichtig, die Gemeinschaft mit Jesus und den Menschen aus dem Glauben zu leben.

Im Himmelszelt gab es einmal im Jahr ein paar Wochen lang Kleinkunst vom Feinsten. Die Künstler waren begeistert, wenn sie im Himmelszelt auftreten durften. Es stand ein paar Meter von der Mühle entfernt. So hatten sie einen guten Zugang zur Küche, zum Wohnen und auch zum Bewirten der Künstler.

Ich selber war nur am Rande mit dem Himmelszelt beschäftigt. Zweimal durfte ich in einem besonderen Gottesdienst im Zelt predigen. Einige aus der Mühlradgemeinschaft beteiligten sich an den Aufgaben, die das Himmelszelt zum Himmelszelt machte. Beim Hausabend fragte ich die Teilnehmer oft, ob sie Lust und Freude hätten, im Himmelszelt mitzuarbeiten.

Annerose war inzwischen zum lebendigen Inventar der Mühle geworden. Sie arbeitete oft beim Sonntagskaffee mit, und einmal fragte ich sie, ob sie nicht Lust hätte, mit mir zusammen den Sonntagskaffee im Himmelszelt zu machen. Sie sagte ja, und ich wusste nicht, dass sie in mich verliebt war. So standen wir hinter der Theke, oft sehr eng beieinander, was bei Annerose die „Schmetterlinge" flattern ließ – und bei mir passierte nichts. Sie hat mir nie gesagt, sie sei in mich verliebt, und hat es auch nie gezeigt. Später sagte sie, sie habe Gott nicht in die Quere kommen wollen, weil ich allen gesagt habe, ich stünde für eine Beziehung nicht zur Verfügung, da ich mich für ein zölibatäres Leben entschieden hatte. Was kann das Leben für manche Menschen schwer sein!

Später, viel später erzählte sie mir ihren Deal mit Gott, den sie meinetwegen eingegangen war. Sie hatte ein Vlies ausgelegt und zu Gott gesagt: „Wenn dieses Vlies bestätigt wird, dann wird Jakobus mein Mann!" Das Vlies[14] wurde bestätigt, und jedes Mal, wenn sie in die Mühle kam, hoffte sie, dass Gott inzwischen auch mit mir geredet hatte. Hatte er aber nicht. Das sollte noch ein paar Jahre dauern.

---

[14] Vlies: Richter 6,36-40 Bevor Gideon in den Kampf ziehen wollte, erbat er sich von Gott ein Zeichen zur Bestätigung, und so legte er ein Woll-Vlies (ein gewebtes Tuch aus Lamm- oder Schafswolle) auf die Tenne. Am nächsten Morgen sollte der Tau auf dem Vlies sein, aber nicht auf dem Boden. Und so geschah es. Danach erbat er sich ein weiteres Zeichen: In der kommenden Nacht sollte der Tau nur auf den Boden, aber nicht auf das Woll-Vlies herabfallen.

Annerose und ihr Auto

Nach diesem Sonntagskaffeeeinsatz hatte sich Annerose entschlossen, nicht mehr zu kommen, sobald sie eine Arbeitsstelle bekäme, die sie aus meiner Nähe entfernte. Vorher musste sie noch ein wenig leiden. Ich hatte ja kein Auto und brauchte immer eine Mitfahrgelegenheit nach Giengen, wo ich im Leitungskreis der „OASE"[15] mitarbeitete, die Gottesdienste moderierte und predigte.

Annerose hatte sich zur Gewohnheit gemacht, fast jeden Sonntag in die Mühle zum Sonntags-Kaffee zu kommen, etwas spazieren zu gehen und dann nach Giengen zu fahren. Sie nahm mich oft mit, und weil es in ihrem kleinen Polo so eng war, kam es immer wieder von ihrer Seite zu einer ungewollten Berührung mit mir, was augenblicklich einen Schwarm von „Schmetterlingen" in Bewegung setzte. Ich saß daneben und merkte nichts.

Eines Tages ging mir das mit den Autos so auf die Nerven, dass ich Gott auf einem Spaziergang Folgendes sagte: „Herr Jesus, wenn du möchtest, dass ich für dich unterwegs bin, dann brauche ich in der Fortbewegung eine Erleichterung. Dann brauche ich ein Auto, das ich finanzieren kann. Ich bin bereit, für dich durch ganz Deutschland zu fahren, aber du musst für ein Auto sorgen. Es muss kein großes Auto sein, aber verlässlich und günstig!" Dann ging ich in die Mühle zurück und machte weiter wie zuvor.

Beim nächsten Hausabend sagte ich – wir hatten immer eine Zeit, in der jeder persönliche Anliegen mitteilen konnte –, dass ich ein Auto brauche. Da ich gerade mit dem zu engen Polo unterwegs war, in dem ich mit meinem Bauch an das Lenkrad stieß, weil der Sitz nicht weiter nach hinten zu schieben war, sagte ich, ich könne mir auch ein etwas größeres Auto vorstellen und nicht so einen kleinen „Hutschefiddel!" Vielleicht gäbe es ja jemanden, der mit mir dafür beten würde. Annerose ist eine Beterin. Sie meldete sich sofort und betete für ein neues Auto für mich. Allerdings dachte sie, ich sollte auch mit einem kleinen Auto zufrieden sein. Sie ist eben eine echte Schwäbin!

---

[15] Die „OASE" war der erste Zweitgottesdienst in der Evangelischen Kirche in Deutschland, nach dessen Vorbild viele dieser Gottesdienste entstanden.

AM ENDE IST ES WIE AM ANFANG. NUR ANDERS!

Akademie in der Mühle

Ich habe einen Freund, der seit Jahren an MS erkrankt ist. Er ist Lehrer von Beruf und hat ein enormes Wissen über Kirchengeschichte und Zusammenhänge. Durch seine unaufhaltsame Krankheit war er die meiste Zeit in seinem Bewegungsradius eingeschränkt. Eines Tages fragt mich seine Tochter, ob ich nicht etwas für ihren Vater tun könne, damit er mit dem, was er kann, noch etwas für andere tun könne. Ich betete, überlegte, und dann kam mir das Wort: Akademie in der Mühle. Immerhin war das ein Titel, der einen gewissen Anspruch hatte. Wir machten das, und Bernd lehrte an vielen Abenden für Interessierte die Geschichte der Kirche. Es waren sehr inspirierende Abende, die immer mehr Leute anzogen. Da ich durch meine Vortrags- und Predigtdienste viele Menschen kannte, konnte ich im Laufe der Zeit den Präsidenten eines Sozialgerichtes engagieren und einen Professor für Volkswirtschaft. Das waren Abende mit spannenden Themen. Wer weiterkommen will, muss sich informieren. Wer die Gesellschaft beeinflussen möchte, muss wissen, worum es geht. An allen Abenden wurden wir reich beschenkt. Leider lebte die Akademie nur zwei Jahre, dann ging es Bernd so schlecht, dass er aufhören musste, und damit endete die Akademie.

Carsharing und Überlastung

Mein Leben hatte sich so entwickelt, dass ich von immer mehr Gemeinden zum Predigen eingeladen wurde. Ich sah das Evangelium als eine lebensverändernde Quelle, die etwas aus der Liebe Gottes hervorbrachte, was anwendbar war und die Kraft der Erneuerung hatte. Nach dieser Kraft sehnen sich die Menschen!

Wenn es möglich war, fuhr ich mit der Bahn. Oft war es aber so, dass die Gemeinden irgendwo in einem Dorf lagen, wo man nur mit dem Auto hinkam. Ich musste mir immer öfter von jemandem ein Auto ausleihen. Ich wundere mich noch heute, dass das ging. Aber eines Tages ging es nicht mehr, und dann öffnete Gott eine neue Tür, wodurch dieses Problem vorübergehend gelöst wurde. Ich konnte von einem Familienvater dessen Kleinwagen am Wochenende haben, weil er ihn nur von montags bis freitags brauchte. Super, jetzt hatte ich eine merkliche Entspannung, auch wenn ich in dem für mich viel zu kleinen Auto hinter dem Steuer wie ein „Affe auf dem Schleifstein" saß. Aber das war egal. Hauptsache die Kiste fuhr und brachte mich dahin, wo ich predigen sollte. Ich war dankbar. Das war ich eigentlich immer. Dankbarkeit ist für mich der Schlüssel zum Glück. Natürlich hatte ich auch Wünsche, aber zuerst war ich immer mit dem zufrieden, was ich hatte, freute mich am Leben und den vielen Möglichkeiten, Menschen in ihrer Not helfen zu dürfen. Da wäre auch ein noch kleineres Auto willkommen gewesen. Es sind ja nicht die Dinge an sich, die schwierig sind. Es ist immer unsere Einstellung zu den Dingen, mit denen wir umgehen müssen.

Die Dienste außerhalb der Mühle wurden mehr, die Entfernungen immer größer und die Anfragen für Seminare und Predigten nahmen stetig zu. Es gab tatsächlich Tage, an denen ich sieben Gespräche hatte. Ein Gespräch dauert exakt 60 Minuten. Das Rad fing an, sich schneller zu drehen, und langsam kam ich ans Ende meiner Kraft. Da ich schon vielen Menschen mit dem berühmten Burnout geholfen hatte, wusste ich, in welche Richtung ich mich bewegte. Im Burnout wollte ich auf keinen Fall landen und zog die Reißleine. Ich bat die Gemeinschaft um eine Auszeit.

Ich wusste nicht genau, was ich machen wollte, wohin ich gehen sollte; ich spürte nur das Verlangen nach Ruhe, Abstand und neuer Kraft. Immer wieder kam mir das Wort aus den Psalmen in den Sinn: *„Lass dir die Worte meines Mundes und das Sinnen meines Herzens wohlgefallen vor dir, HERR, mein Fels und mein Erlöser."*[16]
Ich wusste, dass Gott mich nicht nur kannte; er sah auch in mein Herz und wusste, was ich brauche. Das Leben mit Gott hat mir geholfen, Dinge so wahrzunehmen, dass ich darin das Wirken Gottes erkennen konnte.

Am späten Nachmittag ging ich vor die Tür der Mühle und wusste eigentlich nicht, warum. Auf der Straße begegnete ich einer Frau, die ich seit meiner Zeit in Gnadenthal nicht mehr gesehen hatte. Sie gehörte mit ihrer Familie zu den Familien der Kommunität in Gnadenthal. Die Freude war groß, als wir uns trafen. Sie fragte mich, wie es mir ginge. Ich erzählte ihr von meinem Vorhaben, eine Sabbatzeit zu nehmen und dass ich am liebsten irgendwo ans Meer

---

[16] Psalm 19,15

gehen würde. Sie gab mir eine Adresse mit dem Hinweis, die Leute hätten ein Haus am Meer und ich solle bei ihnen anrufen und fragen, ob ich dahin gehen könne. Nachdem wir uns verabschiedet hatten, ging ich sofort ans Telefon und rief dort an. Die Familie kannte mich, und ich kannte sie. Sie waren sofort bereit, mir ihr Ferienhaus zur Verfügung zu stellen. Dann fragte ich sie, wo es sei. In La Faute-sur-Mer, in Frankreich am Atlantik. Damit hatte ich nicht gerechnet und war etwas überfordert, weil ich nicht wusste, wie ich dorthin kommen sollte. Ich sagte ihnen, ich würde morgen wieder anrufen und Bescheid geben.

An diesem Abend kam Matthias Weigele mich besuchen – von ihm werde ich noch mehr erzählen – und fragte mich, ob ich inzwischen wüsste, wo ich meine Sabbatzeit verbringen könne. Ich erzählte ihm von der Begegnung und dem Anruf, und ohne abzuwarten, wie ich mich entschieden hatte, fragte er mich: „Brauchst du ein Auto?" Ich sagte ja, und er sagte, er habe eines. Er würde mich morgen anrufen. So bekam ich einen neubereiften Mercedes 270 SE. Ich konnte es mir noch nicht vorstellen!

Annerose hatte dafür gebetet, dass Gott mir ein Auto schenkt. Als sie einmal unterwegs war, sah sie in einem Autohaus genau dieses Auto stehen, und Gott sagte ihr: So eines bekommt Jakobus. Das konnte sie nicht glauben. Als dann das Auto vor der Tür stand und sie zum Hausabend kam, wollte ich ihr gerade sagen, was ich erlebt hatte. Sie war schneller und sagte: „Ist das da draußen dein neues Auto?"

Ich hatte mit allem gerechnet, aber nicht damit, dass sie mich das fragt. Ich konnte nur darauf antworten: „Gott, weil er groß ist, gibt am liebsten große Gaben, ach, dass wir Armen nur so kleine Herzen haben!" Ich schämte mich nicht, in dieser Edelkarosse durch die Gegend zu fahren. Es war mein Gottesgeschenk.

Im Februar verließ ich für sechs Wochen das Eselsburger Tal und machte mich nach Frankreich an die Atlantikküste auf. Ich erlebte die zweite Phase meines Nicht-mehr-Glücklichseins. Zum ersten Mal erinnerte ich mich wieder an mein Versprechen, das ich Gott bei meiner Bekehrung gegeben hatte: „Wenn das mit dem Glücklichsein nichts wird, dann mache ich das, womit ich fröhlich werde!"

La Faute-sur-Mer

Nördlich von La Rochelle, dem größten Segelhafen der Welt, war mein Domizil. Ein wunderschönes Ferienhaus. Ich richtete mich ein und ging betend durch das Haus und den Garten und dankte Gott, hier sein zu dürfen. Da ich nicht viel Geld hatte, aß ich jeden Tag Spaghetti. Mal mit Butter, mal mit Tomaten und mal mit dem, was mir sonst noch einfiel. Einmal kaufte ich mir auch ein paar Kartoffeln und wurde an meine Kindheit erinnert. Darum machte ich mir zu den Kartoffeln ein paar Spiegeleier.

Ein guter Freund der Franziskaner in England hatte ebenfalls gerade eine Sabbatzeit hinter sich. Ich hatte ihn vor meiner Abreise gefragt, wie ich diese Zeit am besten organisiere. Er erzählte mir, er habe jeden Tag die Eucharistie gefeiert und habe etwas mitgenommen, das ihm Spaß macht. Ich hatte mir eine kleine Kamera gekauft und machte von meinen Ausflügen viele Fotos, die ich zu Power-Point-Shows verarbeitete. Ich feierte jeden Tag das Abendmahl und las viel. Oft fuhr ich mit dem Auto durch das berühmte große Feuchtgebiet der Marise Portevin und schaute mir die bekanntesten Städte an. Ich fuhr nach Cognac, besuchte die Cognac-Destillerie Martin und kaufte mir den billigsten Cognac, den sie hatten, um ihn an meinem sechzigsten Geburtstag zu trinken. Erst viel später entdeckte ich die gut gehütete Flasche wieder. Auch mit 61 schmeckte er noch gut.

Diese Sabbatzeit war etwas ganz Besonderes für mich. Ich las viel, auch das Buch über Marie Durand[17]. Die spannende Geschichte einer Hugenottin, die 39 Jahre wegen ihres Glaubens im Gefängnis saß.

---

[17] Vom Schicksal ihres Bruders erfuhr Marie Durand im Frauengefängnis von Aigues-Mortes. Bereits 1730 waren sie und ihr Ehemann Mathieu Serres verhaftet worden. Unter der Bedingung, Frankreich zu verlassen, wurde Serres 1750 begnadigt. Durand blieb Gefangene im Tour de Constance (Turm der Standhaftigkeit), unbeugsam in ihrem Glauben. Zu Beginn ihrer Haft weigerte sie sich, ihren Bruder Pierre zu verraten. Falls dieser sich stellte, so war ihr versprochen, werde sie freigelassen. Daraufhin schrieb Durand ihrem Bruder, er solle auf keinen Fall ihretwegen sein Amt aufgeben. Unter den menschenunwürdigen Haftbedingungen in dem Gefängnisturm war Marie Durand „Seelsorgerin" ihrer Mitgefangenen. Sie bestärkte die bis aufs Skelett abgemagerten Frauen, am reformierten Glauben festzuhalten und nicht den Weg in die St. Ludwigskapelle anzutreten, um diesem abzuschwören.

Was ich vorher nicht ahnte, war die Einsamkeit. Ich wurde mit jedem Tag einsamer. Stundenlang lief ich am Strand spazieren, betete und manchmal weinte ich. Ich spürte die Einsamkeit physisch und psychisch und wurde immer verzweifelter. Ich schrieb jeden Tag einen Brief an meinen Freund Dietmar. Ich brauchte das. Ich brauchte keine Antwort, aber ich musste jemanden erzählen, wie es mir ging. Da ich kein Französisch sprach, fuhr ich jeden Tag zur Post und sagte der Postlerin: „Bonjour Madam!" Sie antwortete: „Bonjour Monsieur!" Ich gab ihr den Brief und sagte freundlich; „Au revoir Madame!" Worauf sie antwortete: „Au revoir Monsieur!" Das war meine sechs wöchige Unterhaltung. Einmal wurde sie durch den Besuch aus Deutschland unterbrochen. Zwei Männer luden mich zum Essen ein. Da in dieser Gegend die Austern im Meer gezüchtet werden, isst man hier viel Austern. Es lohnt sich nicht, Austern zu essen. Sie schmecken wie eine Tasse Wasser aus dem Meer. Es gibt Delikatessen, die sind nur teuer, schmecken aber nicht. Ich aß Seeteufel.

Dann kam die Einsamkeit zurück. Ich machte mir große Sorgen wegen meiner Zukunft. Mit der psychischen Belastung der Einsamkeit konnte ich mir nicht vorstellen, wie meine Zukunft aussehen würde. Ich wollte nicht wieder weitermachen, wo ich vor meiner

---

Zahlreiche, zum Teil bis heute erhaltene Briefe sandte Marie Durand aus der Gefangenschaft an Gemeinden im In- und Ausland und machte auf das Los der Verfolgten aufmerksam. In einem Brief an Justine Pechaire vom 21. Mai 1740 schrieb sie: „Erlauben Sie mir, Ihnen mitzuteilen, dass es mich nicht überrascht, wie schrecklich Gott die Gläubigen unserer geplagten Region die Rute spüren lässt, denn sie folgen den Anordnungen des göttlichen Meisters nicht. Er mahnt, die Gefangenen zu pflegen, und sie tun nichts dergleichen. Die Liebe ist das Grundprinzip unseres Glaubens, und sie halten sich nicht daran. Kurz, es scheint, als lebten wir in der Endzeit, denn diese göttliche Tugend ist sehr erkaltet. Die wahren Christen [gemeint sind die Reformierten] werden nicht verdammt werden, weil sie die Reinheit des Evangeliums aufgegeben haben, sie bekennen sich ja ständig zu ihr. Sie werden es aber, weil sie nicht Christus in den Gefängnissen haben – in Gestalt ihrer Gemeindeglieder besucht."
Nach 38 Jahren Haft wurde Marie Durand im Alter von 56 Jahren aus dem Gefängnis entlassen und kehrte am 14. April 1768 in ihren Heimatort zurück. Nach ihrer Entlassung war sie „zwar körperlich gebrochen, geistig aber so stark wie immer", wie es ein Biograph zusammenfasste. Sie lebte noch weitere acht Jahre in Freiheit, bevor sie im Alter von 65 Jahren verstarb (Quelle: Wikipedia).

Sabbatzeit aufgehört hatte. Ich brachte meine Sorgen zu Gott, bekam aber keine Antwort.

Als die Zeit in Frankreich zu Ende ging, wollte ich unbedingt nach Aigues Mortes, am westlichen Rand der Camargue fahren, weil ich den Turm der Résistance besuchen wollte, in der Marie Durand gefangen gehalten worden war. Ihr unsägliches Leid „verdankte" sie Kardinal Armand-Jean du Plessis, duc de Richelieu, der die Hugenotten bis aufs Blut bekämpfte. Seine Motive waren politisch und niemals von der Liebe Gottes geprägt. Er verfolgte als Minister die Stärkung des königlichen Absolutismus.

Mein empfindliches Gefühl für Kirchenstrukturen war durch den Besuch im Turm der Standhaftigkeit, wie der Turm der Résistance, auch genannt wird, nicht besser geworden. Ich fasste den Entschluss, mich niemals solchen Strukturen zu beugen. Ich wollte das Evangelium bekennen und selber auch leben. Ich bin davon überzeugt, dass wir als Christen keine großen Tempel und Kathedralen, Kardinäle und Kirchenpräsidenten brauchen. Ich erinnerte mich an meinen Freund Dietmar. Wir brauchen Männer und Frauen und Freunde wie ihn, die achtbar, integrierend und intelligent sind. Die bereit sind, ihr Leben hinzugeben. Hingegeben an ihre soziale Verantwortung. Die ihre historische und kulturelle Bindung kennen und bereit sind, den Auftrag Jesu für diese Welt zu leben. Wir brauchen Männer und Frauen, die eine Vision für die Zukunft haben, die Jesus im Herzen tragen und ihm allein verantwortlich sind, die fähig sind, diese Erde und unsere Gesellschaft mitzugestalten, und bereit, Impulse zu setzen, die für unsere Gesellschaft richtungweisend sind. Wir brauchen Freunde, Männer und Frauen, die bereit sind, echte Freundschaft zu leben, und das nicht nur in guten, sondern auch in schlechten Zeiten.

Wir brauchen Männer und Frauen, die das fünffältige Amt des Leibes Christi widerspiegeln und leben. Männer und Frauen, die berufen sind, und nicht durch akademische Titel auf Posten sitzen, für die sie die innere Befähigung nicht haben. Ich möchte nicht falsch verstanden werden. Ich habe nichts gegen Theologie und akademische Titel. Wenn sie mit der inneren Berufung übereinstimmen, ist das von Vorteil. Aber die Titel ersetzen nicht die Berufung!

So ein Mensch wollte ich sein, und mit solchen Menschen wollte und will ich unsere Gesellschaft in dem Maße beeinflussen, wie Gott mir dazu die Möglichkeiten schenkt. Ich fuhr zurück nach Hause. Da es Gründonnerstag war, mietete ich mich auf meiner Heimreise in einem einfachen, aber romantisch wirkenden Hotel in Cluny ein. Wieder ein Ort, in dem ein Mann Berühmtheit erlangte, der in der Welt als Bernhard von Cluny bekannt wurde. Er war Dichter-Prediger. Er war Prophet und davon überzeugt, dass der Antichrist in Spanien geboren und Elia im Orient auferstanden sei. (Da mag er sich geirrt haben, aber im Folgenden sicher nicht.) Die letzten Tage stünden bevor, und es sei notwendig für den wahren, gläubigen Christen, aufzuwachen und bereit zu sein, für die Auflösung einer inzwischen unerträglich gewordenen Ordnung, in der das Christentum durch Frömmelei und Heuchelei geprägt sei. Aus meinem Fenster des Hotels konnte ich die Ruine der Kirche sehen, in der Bernhard gepredigt hatte.

Gegen Abend fuhr ich ein paar Kilometer weiter nach Taizé. Ich wollte am Gründonnerstaggottesdienst der Brüder teilnehmen. Als ich mit meinem schwarzen Mercedes in Taizé hereinschwebte, hatte ich das Gefühl, dass alle, die mich sahen, meinten, ein Bischof sei gekommen. Ich war aber nur ein Mensch, der die Nähe Gottes im Gottesdienst suchte.

Die Kirche der Brüder war beeindruckend. Keine Stühle und keine Bänke. Nur ein paar wenige Sitzgelegenheiten für solche Menschen wie mich, die nicht auf dem Boden sitzen konnten. Der Raum war erfüllt von klassischer Musik. Dann kamen sie. 7000 junge Menschen aus aller Welt, die sich auf dem Teppich in der Kirche lagerten. In der Mitte des Raumes war ein Teil mit Grünpflanzen abgesperrt, der den Brüdern vorenthalten war. Dann kamen auch die Brüder. Alle in weißen Gewändern und auch ihr Prior und Gründer der Gemeinschaft, Frère Roger, der an jeder Hand ein Kind hatte. Er hatte weißes Haar, ein weißes Kleid, weiße Strümpfe und weiße Schuhe. Sie alle nahmen Platz, und die Liturgie begann. Taizé-Gesänge werden unzählige Male wiederholt, und der Gläubige muss sich entscheiden, ob er das mag oder nicht. Ich entschied mich nach anfänglichen Schwierigkeiten, es zu mögen, und dann ging es gut. Während der Liturgie wusch Frère Roger, der zwei Jahre später durch einen geistig gestörten Mann ermordet wurde, seinen Brüdern die Füße. Es war ein wohltuender, vorösterlicher Abend. Am nächsten Tag fuhr ich zurück nach Deutschland.

Israel, aber dieses Mal anders

Ich wollte der noch immer tief in mir sitzenden Einsamkeit entfliehen und plante drei Wochen Israel. Dort hatte ich aus meiner früheren Zeit noch Freunde, bei denen ich „Zuflucht" fand. Ich reiste ein wenig durchs Land und fuhr zum See Genezareth. Es ist eine Landschaft, in der meine Seele atmet. In Tabgha, der traditionellen Brotvermehrungsstelle, setzte ich mich ans Ufer, und plötzlich war ich einer von denen, die dabei waren. Fast realistisch tauchte ich in die biblische Geschichte ein:

Als das Jesus hörte, entwich er von dort in einem Boot in eine einsame Gegend allein. Und als das Volk das hörte, folgte es ihm zu Fuß aus den Städten.

Und Jesus stieg aus und sah die große Menge; und sie jammerten ihn und er heilte ihre Kranken. Am Abend aber traten seine Jünger zu ihm und sprachen: Die Stätte ist einsam, und die Nacht bricht herein; lass das Volk gehen, damit sie in die Dörfer gehen und sich zu essen kaufen. Aber Jesus sprach zu ihnen: Es ist nicht nötig, dass sie fortgehen; gebt ihr ihnen zu essen. Sie sprachen zu ihm: Wir haben hier nichts als fünf Brote und zwei Fische.

Und er sprach: Bringt sie mir her! Und er ließ das Volk sich lagern auf das Gras und nahm die fünf Brote und die zwei Fische, sah auf zum Himmel, dankte und brach's und gab die Brote den Jüngern, und die Jünger gaben sie dem Volk. Und sie aßen alle und wurden satt und sammelten auf, was an Brocken übrigblieb, zwölf Körbe voll. Die aber gegessen hatten, waren etwa fünftausend Männer, ohne Frauen und Kinder.[18]

Der Schmerz der Einsamkeit kam zurück, und ich sehnte mich nach etwas, das mir im Augenblick niemand geben konnte.

---

[18] Matthäus 14,13-21

Ganz vertieft in diesen Schmerz spüre ich den Sonnenuntergang und bin plötzlich einer der Jünger Jesu. Einige schlafen schon. Der Ansturm an diesem Tag war groß, und es gab kaum Zeit zum Essen, geschweige denn, sich auszuruhen. Gut, dass es bei uns keine Abenddämmerung gibt. Nach Sonnenuntergang wird es schnell dunkel. Und da wir mit dem ersten Licht den Tag beginnen, ist der Tag bei Sonnenuntergang lang genug. Ich selber gehöre jetzt seit einem guten Jahr zu diesen Männern. Wir haben Hoffnung, haben einen Blick für die Zukunft bekommen und lernen jeden Tag dazu. Einmal sind es die Kranken, die geheilt werden, dann sind es die geschickten und weisen Auseinandersetzungen mit den geistlichen Topleuten des Landes. Bisher hat er sie immer ins Staunen versetzt und dadurch ihre Hilflosigkeit geoffenbart. Auch der König scheint interessiert zu sein. Und nun dies. Eben kam einer unserer Vertrauten und teilte uns mit, man habe Johannes, dem Cousin von Jesus, den Kopf abgeschlagen. Furchtbar. Was hat er denn getan?

Er hat die Wahrheit gesagt. Einem Tyrannen Vorwürfe zu machen, ist gefährlich. Na ja, wenn ich ehrlich bin, mögen wir die Wahrheit auch nicht immer. Vor allen Dingen dann nicht, wenn sie unsere verborgenen Leidenschaften entlarven.

Der Sachverhalt ist ganz einfach. Herodes Antipas war mit einer Tochter des Königs der Nabatäer verheiratet. Sein in Rom lebender Bruder heißt ebenfalls Herodes und wird unter uns Juden Herodes Philippus genannt. Wahrscheinlich ist das sein vollständiger Name. Vielleicht nennen wir ihn auch so, weil damit dem Durcheinander der verschiedenen Männer namens Herodes und ihrer Ehen genüge geleistet wird. Der in Rom lebende Herodes ist ein wohlhabender Privatmann ohne eigenen Herrschaftsbereich. Bei einem Besuch in Rom verführte Herodes Antipas (also der Jerusalemer Herodes) die Frau seines Bruders und überredete sie, seinen Bruder zu verlassen und ihn zu heiraten. Zu diesem Zweck musste er sich zunächst seiner eigenen Frau entledigen, was, wie wir später erfuhren, für ihn verhängnisvolle Folgen hatte. Ganz abgesehen von der moralischen Seite hatte Herodes durch sein Verhalten zwei Gesetze übertreten. Er hatte sich grundlos von seiner Frau geschieden und seine Schwägerin geheiratet, was nach jüdischem Recht verboten war. Darum machte Johannes ihm Vorwürfe, unterschrieb aber damit sein eigenes Todesurteil. Wenn uns als einfachen Leuten die Wahrheit schon nicht leichtfällt, muss sich keiner über die Reaktion eines Despoten wundern. Johannes' Kopf war nicht der einzige, der aus solchen Gründen rollte.

Nun ist es aus mit dem Schlaf. Ich habe es gleich geahnt, dass Jesus diese Nachricht nicht so einfach hinnimmt. Glücklicherweise ist genug Mondlicht da. Wir steigen in das Boot und bringen Jesus auf seinen Wunsch hin an einen ziemlich öden Ort. Solche Orte sucht er gerne auf, wenn das Wirrwarr des Lebens und der Umstände überhandnimmt. Erstmal allein sein. Not braucht Raum zum Verarbeiten. In solchen Situationen braucht er nichts um sich herum. Es ist, als kehre er an den Ort des Ursprungs zurück, um von hier aus das Leben neu zu gestalten. Er hat es am liebsten in der Nacht, dann, wenn der Himmel die Erde beleuchtet. Um seine Beziehung zum Vater kann man ihn nur beneiden. Sie ist so innig, so herzlich, ehrlich und liebevoll. Nur wenige Augenblicke braucht er, um wieder klar zu sehen. Vielleicht, das habe ich mich schon öfter gefragt, ist das der Grund, warum er es im Gebet zum Vater solange aushält.

Wir fahren nicht allzu weit vom Ufer entfernt über den See. Ich behalte das Ufer im Auge, sage aber nichts von dem, was ich da sehe. Es wird früh genug sichtbar werden. Wir brauchen etwa eine Stunde, dann bricht das Chaos aus.

Plötzlich ist Jesus mitten unter diesen erbarmungswürdigen Leuten. Er heilt. Er hört hin und legt die Hände auf. Es sind so viele. Er schaut uns an, und in seinem Blick ruft er nach Hilfe. Wir lernen von ihm und helfen mit. Ich fasse es nicht. Ich bete mit einem Mann um Heilung, und er spaziert geheilt davon. Ich schaue zu Jesus und er lächelt. Wow!

Die Menge rührt sich. Am Anfang ist kaum Bewegung. Das Leid herrscht vor. Mehr und mehr werden geheilt, und dann ist Party angesagt. Die Geheilten fallen ihren Begleitern um den Hals. Sie können es nicht fassen. Beide nicht. Es ist für beide die Erlösung, Hoffnung für die Zukunft auf ein besseres Leben.

Wie oft habe ich im Tempel und in unserer Synagoge schon vom heilenden Gott gehört. Das gehörte eben dazu. Das tat auch der

Seele gut. Passiert ist nichts, fast nichts. Hier ist es ganz anders. Jesus predigt nicht, obschon seine Predigten verändernde Wirkung haben. Er handelt, und sein Handeln erlaubt uns, mit ihm zu handeln. Eine ganz neue Dimension der Gottesgegenwart wird spürbar, der sich keiner von uns entziehen kann. Immer mehr werden es, die befreit, geheilt und ausgelassen sich der Freude des neuen Lebens hingeben. Es ist der größte Tag meines Lebens. So etwas habe ich noch nicht erlebt.

Plötzlich ist der Tag vorbei. Ich sehe, wie ein paar meiner Freunde zusammenstehen und miteinander reden. Irgendetwas Wichtiges scheint es zugeben. Ich gehe zu ihnen. Klar, der Tag geht vorbei und die Leute sind noch hier. Petrus sieht das Problem am deutlichsten und geht uns voran zu Jesus. „Herr, der Ort ist öde und die Zeit ist schon vorüber. Schick die Menschen nach Hause oder in die Ortschaften, damit sie sich was zu essen kaufen können."

Ich denke, ich höre nicht richtig. Ich sehe etwa 5000 Männer, sehe ihre Frauen und Kinder, die ausgelassen und voller Freude den Ort nicht verlassen wollen, und Jesus sagt: „Sie brauchen nicht fortzugehen. Gebt ihr ihnen zu essen!"

Das ist nicht lustig! Du musst nur in die Augen Jesu sehen, dann weißt du, dass er es ernst meint. Wir haben nichts, im Angesicht der Massen gar nichts. Weniger als Nichts. Und Jesus sagt, sie müssten nicht fortgehen. Wir sollen ihnen zu essen geben.

Aber wovon denn? Wir hätten nicht einmal das Essen herbeischaffen können, wenn wir es früher gewusst hätten. Klar, wir hätten ein paar Frauen bitten können, Mehl und Öl mitzubringen, und ein paar Männer bitten können, etwas Holz mitzunehmen. Aber jetzt? Gleich wird es dunkel werden und dann kommt die Nacht. Mit hungrigen Mägen wird es schwer werden, eine ruhige Nacht zu finden.

Wir sollen ihnen zu essen geben? Wir schauen uns verzweifelt an. Keiner weiß Rat, aber wir können den Augen Jesu nicht ausweichen. Petrus übernimmt die Situation und sagt für uns alle: „Wir haben hier nichts als fünf Brote und zwei Fische." Mehr sagt er nicht. Was wir alle denken, kann ich hier ja ruhig sagen: Da werden nicht einmal wir dreizehn satt davon. Das reicht vorne und hinten nicht, und auch für uns wird es Zeit, ins nächste Dorf zu gehen, wenn wir diese Nacht nicht hungrig am Feuer sitzen wollen. „Bringt sie mir her!", und dabei entlässt er nicht unsere fragenden Blicke. Dann geschieht das Unfassliche: Er lässt die unüberschaubare Menge Volkes sich ins Gras lagern, nimmt die fünf Brote und die zwei Fische, blickt zum Himmel auf, spricht das Dankgebet darüber, bricht die Brote und gibt sie uns zurück. Wir können gar nicht anders, als sie der Menge zu geben. Es ist fantastisch. Wir nehmen aus den Körben und es reicht, solange wir austeilen.

Und was machen wir jetzt mit den zwölf übriggebliebenen Körben voll Brot? Wir verteilen sie an die, die jetzt nach Hause gehen. Wenn das Wunder der Brotvermehrung jetzt weitergeht, werden wir hier nie fertig. Es ist beeindruckend, wie die Leute auf die Brote reagieren. Sie nehmen sie gerne.

Ich saß wieder allein am Ufer, realisierte meine Situation und ging ins Hotel. Am nächsten Tag fuhr ich zurück nach Jerusalem, packte meine Sachen und flog wieder nach Hause. Die Einsamkeit hatte ich im Gepäck.

Jonathan-Wüstencamp

Von einer Organisation in Israel wurde ich gefragt, ob ich die geistliche Leitung für ein Wüstencamp übernehmen würde. Ich sagte zu, und mit fast 60 Jahren machte ich mich mit 200 jungen und älteren Leuten auf, um 14 Tage in der dritttrockensten Wüste der Welt Wüste zu erleben. Zwischen Be'er Sheva und Sde Boker ist die Landschaft eine Trockensteppe, südlich davon beginnt die Extremwüste. In Sde Boker liegt Ben Gurion, der israelische Staatsgründer und frühere Ministerpräsident, begraben. Hier ist der Kibbuz, in dem er gelebt hat.

In Eilat fallen jährlich etwa 30 Millimeter Regen, allerdings mit starken jährlichen Schwankungen. Niederschlagslose Jahre sind keine Seltenheit. Und genau hier, in der absoluten Trockenheit, in der Negev-Wüste, schlugen wir unser Camp auf. Wir wollten interessierten Menschen eine erfahrbare Möglichkeit geben, was es heißt, in der Wüste zu überleben. Israel wanderte 40 Jahre durch die Wüste.

Niemand kann sich die Not, die Mühsal und die Last vorstellen, wenn er nicht dort gewesen ist. Fährt man in klimatisierten Autos oder Bussen hindurch, kann man nicht einmal erahnen, was die Wüste wirklich ist.

Ich hatte immer Durst. Das Wasser war nie kalt. Wir waren jeden Tag der Sonne erbarmungslos ausgeliefert und ständig auf der Hut vor Schlangen und Skorpionen. Keinen Stein darf man gedankenlos verrücken, weil mit großer Wahrscheinlichkeit ein todbringendes Insekt darunterliegt. Wir durften niemals alleine vom Lager weggehen, weil die Gefahr, durch die Hitze ohnmächtig zu werden, immer da war. Das Lager war ein Ort, in dem wir lernen mussten, auf einander zu achten und miteinander auszukommen. Wir kamen aus Deutschland, Österreich, der Schweiz, Litauen, England und Polen. Am Ende der Camps war es wie am Anfang. Nur anders. Zuerst haben wir uns aneinander gefreut, dann haben wir uns angenervt, standen miteinander vor Gott und suchten ihn. Wir haben uns versöhnt und uns wieder aneinander gefreut. Am Ende waren wir reifer, verständiger und ehrlicher.

Es wurden drei Camps in drei Jahren. Etwas, was mir für alle Camps auf dem Herzen lag, war die Botschaft: *We are history makers!* („Wir schreiben Geschichte!")

Wer Geschichte schreiben will, muss seine Wurzeln kennen. Er muss den Grund kennen, in dem seine Wurzeln Nahrung bekommen, und am Ende sind es doch die Früchte, die zählen, nicht die Wurzeln. Wer die Zukunft gestalten will, muss eine Vision für die Zukunft haben. Wer Angst vor der Zukunft hat, kann sie nicht gestalten. Wir alle haben etwas zu geben, was unsere Gesellschaft braucht. Ich kann es aber nur geben, wenn ich es kenne. Darum machten wir Bibelarbeiten, die unsere Hoffnung und Zuversicht auf unser Leben für das Reich Gottes in unserer Welt beflügelten. Wir entschieden uns aktiv, für die Menschen um uns herum einzutreten und aus dem Glauben an Jesus unsere Kraft zu schöpfen.

Am Ende der Camps ließen sich immer viele junge Menschen taufen. Sie wollten mit der Taufe eine Botschaft vermitteln, die sichtbar und in ihrem Herzen war: Ich folge Jesus! Wir waren nach dem Camp in En Gedi. Dort gab es Wasser. Wir fuhren auch an den See Genezareth, da gibt es die Taufstelle am Jordan. Das Geheimnis der „Wiedergeburt" kann nur durch die Taufe in der Praxis erlebt werden, sonst bleibt es eine theoretische Wirklichkeit, die das eigentliche Erleben der Taufe nicht erfahren lässt.

Aber es war nicht nur das Tauferlebnis für ein paar Leute. Es war die Erfahrung, was es heißt, in einer Situation zu leben, in der es so heiß und trocken ist, dass außer Nichtstun keine Energie da ist. Alles wird langsamer, und plötzlich kommt man bei sich selber an.

Ich erlebte meine eigene Unfähigkeit und Begrenzung, spürte was wirklich wichtig ist. Wasser! Brot! Schatten! Und mit diesem Erleben werden die Erfahrungen der Bibel plötzlich real und bedeutungsvoll: „Wen da dürstet, der komme zu mir und trinke!"[19]

In der Wüste spürte ich den physischen Durst und lechzte nach jedem Tropfen Wasser. Und ich spürte, dass ich mehr brauchte. Auch die Seele trocknete aus. Das innere Auge öffnete sich und ich suchte nach Halt. Plötzlich begriff ich, warum Jesus mit allem was er gibt, für mich so wichtig ist. Bei ihm bekommt meine Seele das Wasser des Lebens. Für die Frau am Jakobusbrunnen waren die Worte Jesu eindeutig:

Jesus antwortete ihr: Wenn du wüsstest, worin die Gabe Gottes besteht und wer es ist, der zu dir sagt: Gib mir zu trinken, dann hättest du ihn gebeten und er hätte dir lebendiges Wasser gegeben. Sie sagte zu ihm: Herr, du hast kein Schöpfgefäß und der Brunnen ist tief; woher hast du also das lebendige Wasser? Bist du etwa größer als unser Vater Jakob, der uns den Brunnen gegeben und selbst daraus getrunken hat, wie seine Söhne und seine Herden? Jesus antwortete ihr: Wer von diesem Wasser trinkt, wird wieder Durst bekommen; wer aber von dem Wasser trinkt, das ich ihm geben werde, wird niemals mehr Durst haben; vielmehr wird das Wasser, das ich ihm gebe, in ihm zu einer Quelle werden, deren Wasser ins ewige Leben fließt. Da sagte die Frau zu ihm: Herr, gib mir dieses Wasser, damit ich keinen Durst mehr habe und nicht mehr hierherkommen muss, um Wasser zu schöpfen![20]

---

[19] Johannes 7,37b
[20] Johannes 4,10-15

Wasser, Brot und Schatten. Gott verspricht uns alles. Es sind die Lebenselixiere in der Wüste.

„Ich bin das lebendige Brot, das vom Himmel herabgekommen ist. Wer von diesem Brot isst, wird in Ewigkeit leben. Das Brot, das ich geben werde, ist mein Fleisch für das Leben der Welt.“[21]

Schatten!

Sei mir gnädig, Gott, sei mir gnädig, denn ich habe mich bei dir geborgen, im Schatten deiner Flügel will ich mich bergen, bis das Unheil vorübergeht.[22]

In der Wüste konnte ich das existenziell erleben. Wir alle wurden mit einer nicht zu vergessenden Erfahrung beschenkt.

Es war mühsam, es war herausfordernd, aber es half allen, die biblische Botschaft etwas besser zu verstehen.

Einsam kann man auch unter vielen Menschen sein. Schon in der Wüste spürte ich, dass sich in mir etwas verändert. Manchmal nahm ich Bewegungen im Innern wahr und wusste nicht, woher sie kommen und wohin sie führen werden.

---

[21] Johannes 6,51
[22] Psalm 57,2

KAPITEL 6

Am Ende ist es wie am Anfang.
Nur anders!

Uganda und „Heart for Children"

Durch meine vielfältige Eheberatung, meine seelsorgerlichen und therapeutischen Angebote, lernte ich ganz natürlich auch viele Menschen kennen. Mit manchen verbindet mich bis heute eine schöne und tiefe Freundschaft. Manche haben sich verabschiedet und etliche kamen einfach nicht mehr.

Freundschaft ist etwas ganz Besonderes. Ich kann nicht mit jedem Menschen ein freundschaftliches Verhältnis haben. Die Chemie muss stimmen und die Freude aneinander wächst in dem Maße, wie wir uns treffen, miteinander reden und was wir miteinander erleben.

Mit Matthias verbindet mich eine echte Freundschaft. Wir lernten uns in einer Zeit kennen, in der die Not und das gegenseitige Verstehen die Weichen für eine stabile Freundschaft legten.

Er erzählte mir eines Tages, dass er, sein Bruder und sein Vater einmal im Jahr zu Weihnachten eine größere Spende machen, um Menschen in Not zu unterstützen. Wenn ich jemanden wisse, der finanzielle Hilfe brauche, solle ich es ihm sagen und er werde schauen, ob sie ihre Spende dazu verwenden könnten. Zu unserer Mühlradgemeinschaft gehörte damals eine Frau, die Sonderschulpädagogik studiert hatte und einem Ruf nach Afrika folgte. Am Anfang meiner Tätigkeit im Mühlrad ging sie mit „Jugend mit einer Mission" nach Uganda, um dort eine Vorschulkinderarbeit aufzubauen. Wir waren noch immer miteinander verbunden, auch wenn sie nun auf einem anderen Kontinent lebte. Wenn sie in Deutschland war, kam sie zu uns ins Mühlrad, um von ihrer Arbeit zu berichten. Bei einem dieser Besuche fragte ich sie, ob sie Geld brauche! Wenn ich das eine Missionarin frage, weiß ich schon im Voraus die Antwort: Sie brauchte Geld. Ich bat sie, auf einer DIN-A-4 Seite aufzuschreiben, welche Arbeit sie genau macht und wofür sie das Geld einsetzen würde.

Sie schrieb es auf und ich gab es an Matthias weiter. Zu Weihnachten entschloss er sich, gemeinsam mit seinem Vater und seinem Bruder, diese Arbeit zu unterstützen. Das war im Jahr 2003. Plötzlich war ich in diese Arbeit in Uganda involviert. Es war nicht mein Plan, mich dort zu engagieren, aber anscheinend hatte Gott sich das so gedacht. Ich musste von nun an für Matthias Neuigkeiten und Informationen über das Projekt einholen, weil er natürlich wissen wollte, was mit ihrem Geld geschah. Hätte ich zu Anfang dieser Aktion gewusst, dass die Frau aus der Mühlradgemeinschaft von Uganda weggehen würde, hätte ich es nicht angefangen. Durch meine jahrelange Erfahrung mit Palästinensern wusste ich, dass es Kulturen gibt, die ganz anders mit Verantwortung und Organisation umgehen als wir Deutschen.

Eine neue Herausforderung kam auf mich zu. Der einzige Kontakt zu „unserer" Arbeit in Jinja/Uganda war per E-Mail. Am Anfang dieses Engagements wusste ich noch nicht einmal, wo Uganda in Afrika lag. Ich kannte weder die dortige Staatsführung noch den Namen der Währung. Ich wusste gar nichts. Aber ich wäre nicht ich, hätte ich das nicht gleich geändert. Zuerst schaute ich bei Google-Earth nach und fand Uganda im Osten Afrikas an der Küste des Viktoriasees liegen. Ich verbrachte viele Stunden am Computer, um mir einen Überblick zu verschaffen. Viele kennen Uganda noch vom Hörensagen über Idi Amin. Er war von 1971 bis 1979 ugandischer Diktator. Als vollen, selbstgewählten Titel nutzte er seinerzeit: „His Excellency, President for Life, Field Marshal Al Hadji Doctor Idi Amin Dada". Es war eine Schreckensherrschaft. Während seiner achtjährigen Herrschaft hatte er hunderttausende Menschen in Uganda umbringen lassen. Am 11. April 1979 wurde er gestürzt.

Uganda hat nun eine präsidiale Demokratie. Unter dem aktuellen Staatpräsidenten Yoweri Museveni können sich viele internationale

Organisationen im Land um Menschen kümmern, die wirklich sehr arm sind. Es gibt etwa 2,5 Millionen Aids-Waisenkinder. Durch das Wetterphänomen El Nino[1] leidet Uganda in regelmäßigen Abständen unter starker Dürre. Dadurch ist die Armut im ländlichen Raum sehr groß. Jetzt war ich mit diesem mir so fernen und fremden Land auf einmal verbunden – durch E-Mail-Kontakt zu einer Frau, die ich nicht kannte.

Im darauffolgenden Jahr machte Matthias eine weitere Spende. Wir sprachen oft über das Projekt und waren uns nicht sicher, ob das Geld wirklich gut verwaltet wird. Bevor im nächsten Jahr die nächste Spende kommen sollte, fragte er mich, ob ich mit ihm zum Projekt nach Uganda fliegen würde. Natürlich! Ich kümmerte mich um alle Details. Die Impfungen, die Visumbeschaffung, die dortige Währung und ihr Wert. Da ich alle Informationen verwaltete, fragte Matthias mich kurz vor Weihnachten, wohin wir eigentlich genau fliegen und fahren würden. Ich hatte nicht viel mehr Ahnung als er, und so schaute ich wieder bei Google nach. Ich wollte Matthias eine Karte schicken, in der die Route, die wir in Uganda fahren würden, hervorgehoben ist. Ich gab bei Google Uganda ein und klickte dann auf „Bilder". Während ich alles durchschaute, stieß ich auf eine Seite von „Children's Welfare Mission" in Uganda. Eine Schule, in der damals bereits 380 Waisenkinder zur Schule gingen. Das war etwas, was Matthias auch gefallen würde. Matthias hatte immer die Vision, eine Schule zu bauen. Aber jetzt ging es erst einmal um eine Landkarte mit der richtigen Route zu unserem Vorschulkinderprojekt. Ich fand sie und schickte sie Matthias. Drei Monate später wurde ich nachts wach und dachte darüber nach, was wir in Uganda wollen. Wir hatten vom Leben in Uganda keine Ahnung.

Gott hat unser Bemühen gesehen. Ich glaube auch, dass er sich darüber freute, aber er sah auch, dass wir hier etwas machten, was gewaltig in die Hose gehen konnte. Darum hat er mich nachts geweckt und mir ein paar Fragen gestellt: Wie heißt die Währung, was

---

[1] „El Nino tritt in unregelmäßigen Abständen von durchschnittlich vier Jahren auf. Der Name ist vom Zeitpunkt des Auftretens abgeleitet, nämlich zur Weihnachtszeit. Er stammt von peruanischen Fischern, die den Effekt aufgrund der dadurch ausbleibenden Fischschwärme wirtschaftlich zu spüren bekommen." (Wikipedia)

kostet ein Backstein? Wie teuer ist das Stück Land, auf dem eine Schule gebaut werden soll? Wie wollt ihr das Ganze organisieren, wenn ihr gar nicht vor Ort seid? Wie wollt ihr mit der so ganz anderen Kultur umgehen, die eine andere Einstellung zur Verwaltung von Geldern hat, als ihr es gewohnt seid? Da ich kein Mensch bin, der in solchen Situationen gleich in Panik gerät, handelte ich so, wie es zu dieser Nachtzeit möglich ist.

Ich konnte nicht mehr schlafen, stand auf und setzte mich an den Computer. Ich hatte im Internet doch eine Schule gefunden, die mir wie ein Zeichen von Gott vorkam für das, was wir vorhatten. Ich suchte verzweifelt im Internet. Das ist groß und weitläufig. Ich wusste den Namen nicht mehr, und dann fiel mir plötzlich wieder ein, dass ich beim ersten Suchen nach der Landkarte „Bilder" geklickt hatte. Dann fand ich die Schule von „Children's Welfare Mission". Eine offenbar vorbildlich geführte Schule, in der Waisenkinder unterrichtet wurden.

Mit der afrikanischen Frau in Jinja, die jetzt allein verantwortlich war, nachdem die deutsche Frau weggezogen war, hatte ich besprochen, dass wir am 24. April 2006 in Entebbe landen würden. Sie hatte mir versprochen, jemand würde kommen, um uns abzuholen. Übernachten können wir bei ihr in Jinja. Ich war mir überhaupt nicht sicher, ob ich das so wollte, weil ich nicht wusste, wo wir wirklich untergebracht werden würden und wer uns abholen würde.

Als es an diesem Morgen hell wurde, schrieb ich eine E-Mail an „Children's Welfare Mission" und schrieb, ich hätte ihre Seite im Internet gefunden und würde gerne ihre Hilfe in Anspruch nehmen. Matthias und ich hatten geplant, am 24. April nach Uganda zu fliegen und brauchten Hilfe bei der Entscheidung, wie es mit dem weitergeht, was wir dort begonnen hatten.

Ich bekam umgehend Antwort. Der Absender war Cor, ein Holländer, der mit einer ugandischen Frau verheiratet ist und die Schule der „Children's Welfare Mission" in Namugongo gebaut hatte. Er bat mich, ihm zu schreiben, was wir in Uganda schon gemacht hätten. Ich schrieb es ihm. Umgehend antwortete er mit drei Sätzen:

1. Es ist sehr viel Geld, was ihr da eingesetzt habt.

2. Wenn man es so macht, wie ihr es gemacht habt, geht es immer schief.

3. Ihr seid herzlich willkommen; ich hole euch vom Flughafen ab und ihr könnt in unserem Gästehaus übernachten.

Das war eine gute Botschaft. Sobald wie möglich schrieb ich meinem Kontakt nach Uganda, dass sie sich wegen unserer Unterbringung keine Gedanken machen müssen, wir hätten eine andere Möglichkeit gefunden. Außerdem würden wir auch von jemand anderem abgeholt werden. Die Antwort war nicht sehr erfreulich. Sie hatte schon einen Pastor in Kampala gebeten, uns abzuholen. Ich bat um dessen Telefonnummer, um ihn anzurufen und um ihm zu sagen, dass er sich nicht um uns kümmern müsse. Ich rief dort an und er hatte keine Ahnung von unserem Anliegen. Außerdem sei er zu dieser Zeit gar nicht zu Hause, sondern im Kongo.

Das ist Afrika. Damit befand ich mich in einer vollkommen anderen Kultur und Denkweise. Ich glaube, man darf den Unterschied der Kulturen wahrnehmen, aber nicht aus der Sicht der eigenen Kultur bewerten. In Afrika denken und fühlen die Menschen anders als in Europa. Geprägt durch die Umstände, in denen sie leben, erscheinen uns die Dinge fremd und manchmal auch unmöglich. Trotzdem funktioniert auch ihr System. Eben anders, und wir sind nicht gekommen, ihre Kultur zu verändern, sondern ihnen das zu geben, was sie nicht haben. Es bleibt ganz allein in ihrer Verantwortung, wie sie mit dem umgehen, was sie von uns als Hilfe bekommen. Ihr Organisations- und Zeitverständnis scheint für uns ziemlich unzuverlässig, aber so läuft es eben. Zeitliche Absprachen werden durch ihre Umstände und schwierigen Situationen nicht eingehalten. Es ist ein großer Unterschied, ob ich mit dem Auto zu einer Verabredung fahre oder zu Fuß gehen muss. Dazu kommt ihre Höflichkeit im Gespräch mit jemanden, die verbietet zu gehen, wenn man eigentlich schon weg sein sollte. Später sollte ich noch viel von dieser ganz anderen Kultur lernen und überrascht sein.

Als wir am 24. April in Entebbe ankamen, holte uns Cor mit seinem Hilux-Pickup vom Flughafen ab und wir fuhren nach Namugongo. Da es schon Nacht war, sahen wir nicht viel. Die schwarzen Menschen leuchteten uns mit ihren weißen Zähnen und fröhlichen Augen entgegen. In der Schule wurden wir herzlich von Grace, Cors Frau, begrüßt und bekamen ein schmackhaftes Abendessen. Nach dem Abendessen sangen wir miteinander und die Kinder tanzten zu den Liedern. Ein Erlebnis besonderer Art. Wer tanzt schon bei uns nach dem Essen? Ich war begeistert!

Am nächsten Tag fuhren wir nach Jinja. Es ist die Stadt, in der der Nil zum Nil wird. Der Nil hat keine eigene Quelle, sondern zwei Quellflüsse. Der längere von beiden ist der Kagera mit 900 Kilometer Länge. Sein Quellbach ist der Luvironza, der in Burundi entspringt. Der zweite und kürzere Quellfluss des Nils ist der Rukarara. Er entspringt im Süden des burundischen Nachbarstaates Ruanda. Beide Flüsse fließen in den Viktoria-See. Mit einer von den Quellen des Kangera-Nils aus gemessenen Länge ist der Nil 6852 Kilometer lang. Er ist damit der zweitlängste Strom der Welt nach dem Amazonas. Hier in Jinja, am nördlichen Ufer des Viktoria-Sees, beginnt der Nil seine lange Reise bis nach Ägypten, wo er in das Mittelmeer fließt.

In Jinja gibt es ein Restaurant: „Source oft the Nile" (Quelle des Nils). Hier wollten wir uns treffen. Wir trafen uns mit unserer afrikanischen Frau und ihrem Pastor und fuhren zusammen zu den Baugrundstücken, die inzwischen gekauft worden waren. Dort lagen ein paar Backsteine und Sand, und wir fragten uns, wie eine Schule auf drei weit voneinander gelegenen Baugrundstücken gebaut werden sollte. Nachdem wir alles gesehen hatten, fuhren wir wieder zurück ins Restaurant und schauten auf die Baupläne. Es war wirklich gut gemeint, aber überhaupt nicht durchführbar. Wir versicherten allen Beteiligten, dass sie ihr Bestes gegeben hatten und dass wir uns nach gründlicher Besprechung wieder melden würden.

Mit dieser Erfahrung fuhren wir zurück nach Namugongo, einem Teilort von Kampala, und ließen noch einmal alles Revue passieren. Am 26. April morgens um 9.30 Uhr ging unser Flug zurück nach Europa. Wir waren pünktlich am Flughafen. Weil Matthias ein Vielflieger ist, konnten wir in der VIP-Launch warten. Wir warteten an diesem Tag bis 17.30 Uhr. Ist das Afrika? Ja, auch, aber fairerweise muss ich sagen, dass es nicht nur in Afrika Verspätungen gibt. Wir konnten die Zeit gut nutzen und entschieden uns dort, dass wir das begonnene Projekt nicht weiterverfolgen wollten, weil die Leute nicht die Fähigkeit hatten, so ein Projekt zu beginnen und zu leiten. Dafür wollten wir von nun an Cor und Grace unterstützen, die inzwischen den Plan hatten, von Namugongo nach Tororo, ganz in den Osten von Uganda zu ziehen, wo die Armut noch größer ist, um dort eine Schule zu bauen.

Ich hatte die Aufgabe, Mary, unserer Mitarbeiterin in Jinja, unsere Entscheidung mitzuteilen. Wir hatten die letzten drei Jahre etwas gemacht, das aus einem liebenden Herzen für Kinder in Afrika entsprungen war. Es war gut gemeint, nicht aber gut gemacht. Das mussten wir einsehen und eine Entscheidung treffen. Die Entscheidung fiel am 26. April 2006. Von nun an spendeten wir für den neu gegründeten Verein „Heart for Children" in Uganda. Und wir suchten weiter Spender für dieses Schulprojekt. Bei vielen Predigten warb ich für unsere Schule und fand Menschen, die bereit waren, etwas für diese Arbeit zu geben. Es wurden immer mehr, und wir konnten die Spendenbescheinigungen zuerst über den eingetragenen Verein „Christliche Lebensgemeinschaft Mühlrad e. V." abwickeln.

Ich erkundigte mich beim Finanzamt, und wir waren auf der sicheren Seite. Eines Tages sagte mir der Finanzbeamte dann, es wäre besser, wir würden für die Arbeit in Uganda einen eigenen Verein gründen, weil die Spenden ein Ausmaß erreicht hatten, das einen neuen Verein erforderte. Da es zur gleichen Zeit auch eine Gruppe in Holland gab, die Cor und Grace in Tororo ebenfalls unterstützten, kamen wir mit allen überein, den gleichen Namen zu verwenden: „Heart for Children" plus den Namen des jeweiligen Landes. Seither treffen wir uns zu einem internationalen Meeting einmal im Jahr. Am 27.11.2008 gründeten wir „Heart for Children Deutschland e.V." und ich wurde der 1. Vorsitzende. Inzwischen haben wir 300 Waisenkinder in unserer Schule, deren Eltern durch Aids gestorben sind. Wir bauen so, dass in jedem Jahr 25 neue Kinder dazukommen können.

Persönliche Erlebnisse sind Erfahrungen, die sich tief in unsere Herzen eingraben. Das Bild der ersten Schulstunde ist so ein Bild, das mir lebhaft vor Augen bleiben wird. Zwölf kleine Jungen und Mädchen saßen auf vier Bänken. Ihre Beinchen baumelten von der Bank herunter, und die Lehrerin Majarie stand vor ihnen und gab den ersten Englisch-Unterricht. Sie zeigte auf ihren Kopf und sagte: „This is my head!" Dann forderte sie die Kinder auf, es nachzusprechen. Fünfzehn Mal hintereinander studierten sie es ein. Und so ging es weiter. Mein Arm, meine Hand, mein Fuß usw. Die Kinder lernten sehr schnell, und nach ein paar Tagen konnten wir uns schon verständlich machen. Insgesamt teilen sich in Uganda 40 endemische Sprachen auf zwei große Gruppen auf: Bantu-Sprachen und die Nilo-Saharischen Sprachen.

Die verbreitetste Bantu-Sprache ist Luganda, das insbesondere in den südlichen und zentralen Landesteilen von fast allen gesprochen und verstanden wird. In ganz Ostafrika sprechen die gebildeten Leute das verbreitete Suaheli (auch Kisuaheli oder Swahili). Halboffiziellen Status hat außerdem noch die Luo-Sprache, die an der Makerere-Universität gelehrt wird. Trotzdem können sich Menschen, die 40 unterschiedliche Sprachen sprechen, nicht untereinander verstehen. Darum brauchen sie Englisch als Amtssprache.

Wenn die Kinder in unsere Schule kommen, wird vom ersten Tag an Englisch gesprochen. Es ist kaum vorstellbar, wie das gehen kann, aber es klappt hervorragend. Auch dank unserer guten Lehrer!

Wenn die Schule eines Tages ganz fertig ist, sollen dort 500 Waisenkinder und zusätzlich 500 Kinder, die ein landesübliches Schulgeld zahlen, in die Schule gehen. Das ist ein System, das schon von anderen Organisationen übernommen wurde und erfolgreich ist. Ich werde dieses Projekt so lange begleiten, bis unser erstes Schulkind das Abitur gemacht hat.

2009 – das Jahr der Veränderung

Ich habe die Herausforderungen, in die ich hineingestellt wurde, gerne angenommen. Arbeiten war nie ein Problem für mich. Jetzt spürte ich plötzlich meine Grenzen. 2009 verlief anders als die Jahre davor. Ich zog mich immer mehr zurück. Ich frühstückte für mich allein, weil ich den ständigen Streit und die Kämpfe mit den Mitlebenden am Frühstückstisch nicht mehr ertrug. Das Zusammenleben mit den Mitlebenden war herausfordernd. Es gab Streit, aber auch Versöhnung. Manchmal waren nur Streithähne beieinander. Jetzt waren die Streithähne für mich unerträglich geworden. Es schien unmöglich zu sein, sie zu einem friedlichen Miteinander zu bewegen. Ich richtete mich so ein, dass ich die meiste Zeit allein leben konnte. Aber es kamen viele Ratsuchende, und sonntags predigte ich in verschiedenen Gemeinden.

Die Zeit in der Mühle ging zu Ende. Ich hatte große innere Not. Wohin sollte ich gehen? Ich war inzwischen 63 Jahre alt geworden und hatte mir Gedanken gemacht, wie ich mit der Rente auskommen sollte. Ich ging davon aus, dass ich mindestens bis zum 65. Lebensjahr arbeiten musste. Meine Rente würde für die Miete einer sehr kleinen Wohnung reichen, aber wovon sollte ich dann leben? Ich erlebte eine Zeit von Zweifeln, Hoffnung, Glaube und der Realität meiner Situation.

Das Beste, was ich in dieser Situation tun konnte, war beten. Ich betete dafür, dass Gott mir Türen auftut, die vor meinen Augen verschlossen sind und die ich zwar ahne, aber nicht sehe.

Ich hatte vor vielen Jahren mit Gott einen Deal gemacht: „Ich verkündige deinen Namen, und du sorgst für den Rest!" Oder war es anders herum? Gott sagt zu mir: „Du tust, was du tun kannst und ich tue für dich das, was du nicht tun kannst!" Am Ende kommt das Gleiche dabei heraus. Ich musste es wagen und mich gegen jeden Zweifel wehren, der sich diesem göttlichen System entgegenstellte. Die beste Waffe gegen den Zweifel ist das Bekenntnis: „Herr Jesus, ich glaube dir, hilf meinem Unglauben und lass mich deine Wege erkennen!"

Ich machte wieder meinen Gebetsspaziergang. Während ich durch das Eselsburger Tal lief, hörte ich plötzlich eine innere Stimme: „Du kannst auch in Rente gehen!" Zuerst war ich mir nicht klar, was ich hörte, aber plötzlich schien es der Weg in eine neue Zukunft. Ich lief zurück in die Mühle und rief einen Freund an, der meine Rentenunterlagen in Ordnung gebracht hatte und bei der Deutschen Rentenversicherung arbeitete. Ich fragte ihn, ob ich in Rente gehen könne. Er schaute nach und sagte ja. „Und was muss ich da tun?" „Du gehst zur Gemeindeverwaltung und dort auf das Rentenamt. Die sagen dir dann, wie es weitergeht." Ich rief sofort dort an und fragte, wie lange sie an diesem Tag noch geöffnet hätten. Es war zehn vor zwölf und sie schließen um zwölf. Ich bat sie zu warten, ich wäre gleich da. Ich setzte mich an diesem schönen und sonnigen Junitag 2009 ins Auto und fuhr schneller durch das Tal, als ich durfte. Atemlos fiel ich ins Rentenamt ein und bekam alle Unterlagen. Der 31.10.2009 würde mein letzter Arbeitstag sein.

Jetzt gab es kein Zurück mehr. Jetzt war Glaube gefragt. Wo sollte ich hin, und wie sollte ich eine Miete bezahlen? Eigentlich war alles anders gedacht, besprochen und geplant. Ursprünglich war es so, dass ich auch im Alter in der Mühle bleiben sollte, in den oberen Räumen mein Zuhause hätte und dort alt würde. Die Frage ist, warum konnte das nicht so sein? Ich glaube es hatte zwei Gründe: Erstens hatte sich die Situation in der Mühle verändert und zweitens hatte Gott andere Pläne mit mir. Es ist schwer, in einer unsicheren Situation alles klar zu sehen. Die Mühle war nicht mehr der Ort, wo ich bleiben konnte. Ich musste durch die ganz natürlichen, menschlichen Pläne und Veränderungen gehen, um anschließend zu sehen, dass es zwar schmerzlich war, aber im Resultat das Beste. Meine zukünftige Frau, die ich bis dahin noch gar nicht im Blick hatte, wäre nie mit mir in die Mühle gezogen!

Annerose

Zu diesem Zeitpunkt wusste ich noch nicht, dass Annerose ein Jahr später meine Frau sein würde. Wer war diese Frau? Mit 18 heiratete sie Otto. Sie waren glücklich und lebten in einem kleinen Bahnwärterhäuschen auf der Schwäbischen Alb. Wenn der Zug vorbeifuhr, klirrten die Gläser im Schrank und manchmal hatten sie das Gefühl, als führe der Zug mitten durch ihr Ehebett. Aber sie gewöhnten sich schnell daran und eines Tages nahmen sie es nicht mehr wahr, nur wenn der Zug Verspätung hatte.

Annerose kam von einem kleinen Bauernhof auf der Schwäbischen Alb. Ihr Vater war für den Bullenstall der Gemeinde verantwortlich. Eines morgens war er in den Bullenstall gegangen. Ein Bulle hatte sich losgerissen und ihr Vater wollte ihn wieder anbinden. Dabei drückte der Bulle ihn zu Tode.

Da die Mutter den Hof alleine nicht bewirtschaften konnte, wurde das Erbe zwischen ihr und ihrem Bruder aufgeteilt. Nach dieser Entscheidung entschlossen sich Annerose und Otto, in den Garten des elterlichen Anwesens ihr Haus zu bauen.

Ihr erster Sohn Andreas wurde geboren, und das Familienglück war perfekt. Viel Geld hatten sie nie, aber sie waren glücklich und zufrieden und deshalb kamen sie auch mit weniger aus.

Otto arbeitete als Rangierer bei der Bahn, und weil er da nicht genug verdiente, wechselte er eines Tages zur Bundeswehr und wurde Munitionsfachwart. Sie bauten ihr Haus mit den eigenen Händen, mit eigener Kraft und immer zu wenig Geld. Annerose kannte jeden Stein, jede Mauer und jeden Fenstersturz des Hauses. Und dann war es fertig und sie hatten ein neues Zuhause.

Im neuen Haus kam ihr zweiter Sohn Oliver zur Welt. Als echte Schwaben, die stolz auf den urschwäbischen Spruch waren, weil er sich für sie erfüllte: „Schaffe, spare, Häusle baue und net nach de Mädle schaue", waren sie glücklich und zufrieden mit dem, was sie geschafft hatten.

So gingen die Jahre dahin. Otto hatte massive Rückenprobleme und war über Jahre krank. Durch diese Krankheit bekam er eines Tages eine Kur verschrieben und lernte dort eine andere Frau kennen. Er verliebte sich in sie und verließ über Nacht die eigene Familie. Es gab keine Aussprache, keine Chance auf Klärung, es war plötzlich vorbei. Er überließ Annerose und den Kindern das Haus und die Schulden. Dann ging er und starb zehn Jahre später an Krebs.

Jetzt begann für Annerose eine ganz neue Situation. Sie hatte kein Geld, hatte ein Haus mit Schulden und zwei heranwachsende Kinder. Sie war schon in der Kirche Küsterin oder, wie sie im Schwäbischen sagen, Mesnerin. Das Geld reichte nicht, und so musste sie über viele Jahre in einer weiteren Arbeitsstelle etwas dazuverdienen. Sie lernte, was es heißt, von Gott abhängig zu sein. Das wurde für sie zu einer häufigen und praktischen Erfahrung.

Drei Monate nach der Trennung war die Konfirmation des jüngsten Sohnes. Sie hatten kein Geld, um dieses Fest zu feiern. Trotzdem wurde in einem Lokal eine Feier reserviert. Als sie noch einmal die Kosten überschlug, wollte sie das Fest wieder absagen. Sie ging zu ihrer Freundin, die ihr Mut machte, es nicht zu tun, damit sich ihr Sohn eine gute Erinnerung an seine Konfirmation bewahren konnte. „Irgendwie wird es schon gehen." Sie feierten, und Annerose bekam so viel Geld geschenkt, dass sie die Konfirmation, den Anzug für den Jungen und ihr eigenes Kleid bezahlen konnte. Es war nicht das Geld, das ihr Sohn zur Konfirmation bekam. Es war Geld, das für ihre Unkosten gegeben wurde. Und es war auf Heller und Pfenning genau die Summe, die sie brauchte.

Annerose hatte gelernt, mit Gottes Hilfe zu leben und zu erfahren, dass er für sie sorgt, wo ihre eigenen Mittel nicht reichen. Zwei Jungen haben Hunger und in der Pubertät großen Hunger. Das Geld reichte oft nicht dafür, aber Gott wusste das. Eines Tages klingelte es an ihrer Haustür und eine Nachbarin brachte eine große Schüssel mit Fleisch. Sie bat Annerose inständig, das Fleisch zu nehmen, weil ihre eigenen Kühltruhen nach der dritten Notschlachtung im Rinderstall voll waren. Gott sorgt auch dafür, dass hungrige Mägen von Jungen gefüllt werden.

Die Jahre gingen ins Land. Ihre Söhne heirateten, und Annerose sehnte sich nach Zweisamkeit. Sie war noch immer verliebt in mich, wollte mir das aber nicht zeigen, weil sie noch immer damit rechnete, dass Gott es mir sagen würde, dass sie meine Frau werden würde. In ihrer Unsicherheit erinnerte sie sich wieder an das Vlies, das Gott so eindeutig bestätigt hatte. Nun musste Gott nur noch mir sagen, dass sie meine Frau werden sollte. Aber es geschah nichts.

Als sie merkte, dass sich nichts bewegte, nahm sie eine Stelle als Hauswirtschaftsleiterin in einem Freizeitheim an. Ich war aus ihren Blicken verschwunden. Zehn Jahre arbeitete sie dort, dann wurde sie krank und konnte nicht mehr arbeiten. Mit einem fällig gewordenen Bausparvertrag renovierte sie ihre Wohnung im Haus und richtete sich gemütlich ein. Sie hatte viele gute Freundinnen und sagte eines Tages zu Gott: „Ich gebe dir meinen Wunsch nach einem Mann zurück. Scheinbar hast du ja in deinem großen Reich niemanden, den du mir geben willst. Jetzt bin ich krank, da will mich wahrscheinlich sowieso keiner mehr, und ich bin zufrieden und glücklich mit dem, was ich hier habe."

Sie hatte sich für ihr Alter und fürs Älterwerden gut eingerichtet. Noch war sie krankgeschrieben, aber die Zeit, in der sie kein Krankengeld mehr bekommen würde, rückte näher. Sie hatte keine Ahnung, wie sie das in der Zukunft meistern sollte, aber sie hatte Glauben und glaubte dem Wort, das Gott ihr einmal ins Herz gegeben hatte: „Wir wissen aber, dass denen, die Gott lieben, alles zum Guten dient."[2]

---

[2] Römer 8,28a

Zukunft

Ich bot weiter meine Abende der Ermutigung an. Es ermutigt mich selber, wenn ich andere ermutigen kann. An einem dieser Abende kam eine Frau nach langer Pause wieder, und ich fragte sie beim Nachhausegehen: „Hast du nicht zufällig eine kleine Wohnung zu vermieten?" Sie sagte: „Ich nicht, aber Höfles haben ein kleines Häuschen, das wollen sie vermieten!" Ich bat sie, mit ihnen zu sprechen, und sagte, ich sei interessiert. Dann kam tagelang nichts, und ich machte mich selber auf den Weg.

Als ich das Haus sah, wusste ich, dass ich es nehmen würde. Die Miete war so, dass meine Rente reichte, aber es reichte dann nicht mehr für meinen Lebensunterhalt. Es blieb einfach nichts übrig. Trotzdem mietete ich das Haus.

Die Monate zuvor hatte ich Gott gebeten, mir eine kleine Wohnung zu schenken, die große Fenster hat, durch die viel Licht hereinfällt. Nun hatte ich plötzlich ein Haus, mit großen Fenstern, einer Terrasse und einer Dachterrasse. In der Mühle, wo es auch sehr schön war, hatte ich kleine Fenster, und oft brauchte ich auch im Sommer elektrisches Licht. Das sollte nun ganz anders werden.

Ich betete, legte Gott meine finanziellen Sorgen hin und bat ihn, mir zu helfen. Unser damaliger „Deal" galt noch immer. Ich wollte auch in der Rente weiter predigen, Menschen ermutigen, mit Jesus zu leben, und Gott für mich sorgen lassen.

Während meiner Zeit in der Mühle gab es zwei Freunde, die für mein kleines Gehalt gespendet hatten. Matthias und Dr. Johannes Bieneck, dessen Tochter auch eines meiner Patenkinder war. Ich rief sie beide an und fragte sie, ob sie die Spenden für mich aufrechterhalten würden, dass ich nun allerdings keine Spendenbescheinigung mehr ausstellen könnte. Da ich glaube, dass mein Leben und meine Lebensumstände von Gott gesehen und beeinflusst werden, glaube ich auch, dass Gott die Herzen dieser Männer bewegt hat und sie einverstanden waren.

Nun hatte ich ein eigenes Häuschen und noch etwas Geld übrig, um mir Essen zu kaufen. Ich hatte um eine kleine Wohnung mit großem Fenster gebetet, und Gott gab mir ein ganzes Haus mit ganz viel Licht. Von überall her bekam ich schöne Möbel und richtete zwei Gästezimmer ein, weil ich Raum für Ratsuchende haben wollte.

Genau einen Monat nach meinem ersten Tag als Rentner zog ich in mein Häuschen ein. Es war ein unbeschreiblich schönes Gefühl. Ich war glücklich und überwältigt von dem, was ich vorfand und was ich daraus machen konnte. Ich hatte plötzlich ein eigenes Haus, das ich gestalten und pflegen durfte, ohne mit anderen Kompromisse eingehen zu müssen. Aber ich war alleine. Ich saß in meinem Lehnstuhl und bat Gott, mein Leben neu zu füllen. Trotz der Freude war ich wieder einsam.

Ich las bei Anthony Storr,[3] dass Berühmtheiten wie etwa Descartes, Newton, Locke, Kant, Nietzsche oder Schopenhauer nicht in üblichen Familienstrukturen und auch nicht in persönlichen Beziehungen lebten. Voltaire beispielsweise lebte zölibatär. Storr schrieb in demselben Werk: „Die Fähigkeit, allein zu sein, wird also verknüpft mit Selbstentdeckung und Selbstverwirklichung, mit der Wahrnehmung der tiefsten eigenen Bedürfnisse, Gefühle und Impulse."

Damit kam ich meinem eigenen Leben näher. Ich hatte das Gefühl, mich längst selbst entdeckt zu haben. Ich hatte mich in den von Gott gegebenen Gaben – Seelsorge, Therapie und der Verkündigung des Evangeliums – im ganz positiven Sinne selbstverwirklicht.

Und nun saß ich hier in meinem Lehnstuhl und entdeckte meine Bedürfnisse nach Nähe, erlebte meine Gefühle, geliebt zu werden, und war bereit, meinen Impulsen von Gefühl und Bedürfnis zu folgen.

Ich spürte auf einmal deutlich, dass mich mein Lebensmodell nicht mehr glücklich machte. Ich wusste, dass die Einsamkeit, die ich tief in mir verspürte, nur durch die Intimität einer Paarbeziehung verschwinden würde. Meine Gefühle nach Nähe, nach einem Menschen, bei dem ich die Nummer eins bin, nahm immer mehr Raum in mir ein. Ich wollte leben. Ich wollte das Leben ganz neu kennenlernen. Aber ich wusste nicht, wie.

Als ich an diesem Punkt ankam, wurde das Leben spannend, weil ich mich plötzlich in einem inneren Entscheidungsprozess wiederfand, der zwischen, dem was war – und es war immer gut – und dem, was ich jetzt als richtig spürte, entscheiden musste. Ich war da angekommen, wo ich mir über meine Gefühle neu klar werden wollte. Ich wollte aber nicht einfach nur nach meinen Gefühlen leben und sie entscheiden lassen. Das war mir fremd. Aber sie waren jetzt

---

[3] Anthony Storr, *The Art of Psychotherapy* (1990).

so stark, wie ich es vorher nicht gekannt hatte, und ich wollte einen Weg gehen, den ich mit Gott leben konnte. Ich bat Gott, mir zu zeigen, wie es weitergehen sollte. Ein Gutes hat die Einsamkeit: Sie gibt Raum für Phantasie. Sich dieser Phantasie hinzugeben, wird zu einer Quelle von Ideen. Ich hatte viele Ideen. Realistisch fand ich vor allem zwei: Ich könnte ins Kloster gehen, aber da würde ich keine Intimität erleben. Ich war und bin kein Mystiker, der die menschliche Intimität mit der Beziehung zu Jesus erfüllt sieht. Ich konnte mir auch eine Männer-WG vorstellen, aber auch da würde mir die Intimität fehlen.

Ich brauchte Mut, eine dieser Ideen auszuprobieren. Die Phantasie braucht eine Brücke zur Wirklichkeit. Wir haben von Natur aus eine innere Phantasiewelt. Sie unterscheidet sich in der Regel von der äußeren Wirklichkeit und ist durch die Lebensumstände entweder ein Motor zur Veränderung oder ein Hemmnis, das lähmt. Als ich dieses schöpferische Potenzial entdeckte, kam ich weiter. Was ich mir in diesen Augenblicken am meisten wünschte, war eine klare Botschaft von Gott. Ich wünschte mir nichts sehnlicher als eine offene Tür, durch die ich hindurchgehen konnte.

Die Begegnung

Ich fuhr mit meinem Auto nach Heidenheim und wollte auf meinem Standardparkplatz parken, der aber besetzt war. So fuhr ich in das nahegelegene Parkhaus. Dort begegnete ich unverhofft Annerose. Ich freute mich aufrichtig, sie zu sehen.

„Hallo Annerose, wie geht es dir?"

„Gut. Bist du noch in der Mühle?"

„Nein, ich wohne jetzt in Giengen. Willst du mich mal besuchen?"

„Ja, aber jetzt muss ich leider gehen, weil ich einen Termin beim Physiotherapeuten habe!"

„Macht nichts, ich rufe dich an, habe ja noch deine Nummer." Und schon war sie weg. Später erzählte sie mir, dass sie sich sicher war, dass ich mich nicht melden würde. Als sie in die Praxis kam, war sie eine ganze Stunde zu früh dort. Das war ihr noch nie passiert.

Ich rief sie an und lud sie zu mir zum Essen ein. So kam es, dass wir uns am Pfingstmontag, einem schönen Maientag, in Giengen wiedersahen. In meinem Esszimmer hatte ich den Tisch gedeckt. Weißes Tischtuch, auf das ich mein schönstes und einziges Porzellan stellte. Da ich jetzt eine eigene Küche hatte und auch gerne kochte, hatte ich mir ein Fünfgänge-Menü überlegt. Annerose war begeistert vom Essen, und auch sonst hatten wir viel zu erzählen. Später gingen wir ins Wohnzimmer, ich erzählte ihr von meiner Arbeit in Uganda und zeigte ihr unzählige Bilder. Ich fühlte mich wohl mit ihr. Durch das gute Gespräch spürte ich eine innere Verbindung zu ihr und fragte sie zum Ende unseres Treffens, ob sie sich vorstellen könne, eine platonische Freundschaft mit mir zu führen. Ich sagte, ich hätte nicht die Absicht, sie zu heiraten, und würde auch nicht mit ihr in die „Kiste" steigen. Klare Ansagen waren nie ein Problem für mich. Dass Annerose das etwas anders auffasste, war mir nicht bewusst. Sie war innerlich empört und hatte gedacht: „Was denkt der über mich? Ich bin noch nie mit jemanden in die Kiste gestiegen und werde das auch jetzt nicht tun." Aber sie ließ sich glücklicherweise trotzdem auf unsere platonische Beziehung ein.

Von jetzt an trafen wir uns fast täglich. Ich erzählte einer befreundeten Familie von meiner Freundschaft zu Annerose. Heidi, die Frau, schaute mich an, lächelte und sagte: „Mal sehen, wie lange das platonisch bleibt!" Ich war entrüstet. Und auf einmal fiel mir wieder ein, dass ich Intimität suchte. Das hatte ich ganz vergessen. Oder verdrängt. Wie sollte das in einer platonischen Freundschaft funktionieren? Mir kam die bekannte Freundschaft zwischen dem heiligen Franziskus und der heiligen Klara in den Sinn. Das hat funktioniert, und diese Liebe war rein platonisch!

Franziskus wurde 1182 in Assisi geboren. Er kam aus einer reichen Handelsfamilie. In jungen Jahren lebte er ein feudales Leben. Während des Städtekrieges Assisi – Perugia geriet Franziskus für ein Jahr in Kriegsgefangenschaft. Diese Gefangenschaft und eine Krankheit warfen ihn aus der Bahn und öffneten ihm die Augen für Gottes Wirklichkeit. An einem Tag im Jahr 1206 betete er gerade vor dem Bild des Gekreuzigten im italienischen San Damiano, als er Folgendes hörte: „Francesco, siehst du nicht, wie mein Haus zerstört wird? Geh und stell es wieder her!"

Er baute daraufhin eine kleine verfallene Kirche wieder auf. Er kümmerte sich um die Armen und Kranken und brach bald mit seiner Familie. Sie konnten es nicht ertragen, dass er sein Familienvermögen mit den Armen teilte.

Klara wurde 1194 ebenfalls in Assisi geboren und war von Franziskus' Suche nach Gott beeindruckt. Sie lebte in der strengen Abgeschiedenheit des Klosters von San Damiano. Von dort aus wirkte sie in die Welt – schweigend und verborgen. Und doch unübersehbar. Die beiden waren auf vielen Ebenen eng miteinander verbunden. Aber eine intime, auf eine Paarbeziehung ausgerichtete Verbundenheit hatten sie nie. Es lassen sich dafür zumindest keine Spuren in den Überlieferungen finden. Viele Quellen beschreiben ihr Verhältnis als das zweier guter Freunde oder als geschwisterlich. Sie waren zwei Gefährten, die in die gleiche Richtung schauten und auf das gleiche Ziel zugingen.

Genau so stellte ich mir meine Freundschaft mit Annerose vor. Ich erinnerte mich auch an meinen Seelsorger Bruder Bernard in England. Er hatte eine solche Beziehung zu einer der Franziskanerinnen. Es war eine reine und wohltuende Erfahrung, wenn ich die beiden zusammen traf. Das wollte ich auch, eine tiefe, aber platonische Beziehung.

Und die hatten wir auch, wir trafen uns weiterhin und unternahmen viele Ausflüge, kauften gemeinsam ein und redeten stundenlang über Gott und die Welt. Wir teilten unsere Lebensgeschichten, Annerose vertraute mir Dinge aus ihrem Leben an und ich ihr aus dem meinen. Manchmal war ich bei ihr zu Hause, aber meistens trafen wir uns bei mir, weil sie der Überzeugung war, dass ich nicht in ihr Dorf passen würde. Anfang Juni hatte Annerose Geburtstag und lud ihre Kinder mit Familien zu sich nach Hause ein. Ich war auch eingeladen und traf zum ersten Mal ihre Familie.

In dieser gemeinsamen Zeit, die wir jetzt miteinander hatten, kamen wieder mehr Menschen in meine seelsorgerliche Praxis, die Rat suchten. Ich war froh, wenn der letzte ging und ich Zeit mit Annerose verbringen konnte. Es tat so gut, mit ihr zu reden.

Nach ein paar Wochen der gemeinsamen Unternehmungen hatte ich bis spät in den Abend ein Gespräch, das mich ziemlich beschäftigte. Ich rief Annerose an und fragte sie, ob sie noch Lust hätte, mit mir ein Eis zu essen? Ihre Antwort: „Jakobus, was denkst du? Ich bin eine schwäbische Hausfrau, und wenn ich jetzt mein Auto aus der Garage hole, was sagen dann die Leute?" Ich spürte aber den Schalk in ihrer Stimme und sagte: „Was die Leute denken, ist mir ziemlich egal. Wichtiger für mich ist, was du sagst!" Sie sagte ja, und wir verabredeten uns in Heidenheim in der Eisdiele. Das war für jeden die Hälfte der Fahrt.

Wir aßen unser Eis in der Waffel und liefen noch etwas durch die Fußgängerzone. Plötzlich sagte Annerose zu mir: „Ich könnte mir jetzt auch vorstellen, mich bei dir einzuhaken oder Händchen zu halten." Ich brachte nur ein spontanes „Ich nicht!" zur Antwort. Wir sagten beide kein Wort mehr und gingen langsam wieder zu unseren Autos.

Wir trafen uns weiterhin, sprachen aber auch später nicht mehr über diesen Abend.

Für Annerose war es schrecklich, so eine harsche Abfuhr zu bekommen. Sie war in mich verliebt, und diese Liebe wagte sich vor. Ich war in einem inneren Zwiespalt. Ich mochte sie sehr. Ich hatte das Gelübde zum zölibatären Leben gemacht. Ich hatte Angst, etwas zu tun, was sich in die Beziehung zwischen mir und Gott drängen könnte. Ich hatte keine innere Freiheit, dieses Gelübde zu brechen. Zudem hatte ich keinerlei Erfahrung, wie ich mit solch einem Liebesangebot umgehen konnte oder musste oder sollte …

Ich schrie zu Gott: „Herr, wenn zwischen mir und Annerose mehr sein soll, dann musst du das führen und werden lassen, ich kann es nicht." Ich suchte in der Bibel nach einer Antwort.

„Wenn du Gott ein Gelübde ablegst, erfülle es ohne Verzug. Denn die Toren gefallen ihm nicht. Was du gelobst, das halte. Besser du gelobst gar nichts, als dass du gelobst und es nicht hältst."[4]

Das war das eine, das mich an meine Gelübde band. Das andere kam mir jetzt zu Hilfe:

Opfere Gott Dank und erfülle dem Höchsten deine Gelübde, und rufe mich an in der Not, so will ich dich erretten, und du sollst mich preisen.[5]

---

[4] Prediger 5,4
[5] Psalm 50,14+15

Ich hatte Not. Ich war nicht verliebt, aber ich hatte jemanden an meiner Seite, der mir viel bedeutete und den ich nicht verlieren wollte. Wenn Gott in seinem Wort verspricht, mich in meiner Not zu erretten, dann konnte er es jetzt tun.

Ich wartete ab und traf mich weiterhin mit Annerose. Das Händchenhalten hatten wir vergessen oder verdrängt, und es stand erstmal nicht mehr zwischen uns.

Am Ende ist es wie am Anfang. Nur anders!

Eines Tages, es war inzwischen Juni geworden, erzählte Annerose mir von einer ihrer Kuren, die ihr sehr gutgetan hätten. Ihr damaliger Therapeut hatte ihr geraten, wenn es möglich wäre, zum Grab ihres verstorbenen Mannes zu fahren und ihm dort das zu sagen, was sie ihm zu Lebzeiten nicht gesagt hatte. Das wollte sie nun tun, und sie fragte mich, ob ich mir vorstellen könnte, mit ihr an den Bodensee zu fahren, wo Otto beerdigt war. Ich sagte spontan zu, und dass wir das gleich morgen machen könnten. Sie war etwas überrascht, dass das so schnell ging. Aber wir machten es, weil es ein günstiger Tag war.

So fuhren wir zum Friedhof in der Nähe des Bodensees. Dort angekommen, fragte ich sie, ob ich mit zum Grab gehen oder warten solle. Ich sollte mitgehen. Am Grab ihres geschiedenen Mannes sangen wir zusammen ein Lied und beteten. Dann gingen wir wieder und ich fragte Annerose, wie es für sie gewesen sei: „Es war gut, aber es war nicht das Grab meines Mannes, es war der Mann der Frau, die er nach mir geheiratet hatte." Trotzdem war diese Begegnung am Grab gut für sie und sie war sichtlich erleichtert.

Es hat ihr gutgetan. Ich habe mich immer gefreut, dass Annerose nie schlecht über ihren Otto gesprochen hat. Er ist der Vater ihrer Kinder, und sie hatte ihn immer lieb. Dass er aus der Ehe ausgestiegen ist, war ein Schmerz für sie, der lange an ihr gezehrt hatte.

Jetzt saßen wir wieder im Auto, und weil es ein schöner, sonniger Tag war, fuhren wir nach Meersburg und setzten uns in ein Café. Es war schön, miteinander etwas zu erleben, das uns innerlich verband und die Herzen füreinander aufschloss. Auf dem Rückweg hielten wir am Stand eines Perlmuttschreibers. Ich schenkte Annerose ein

Herz und ließ „Annerose" drauf schreiben. „Jakobus" hatte ich mich nicht getraut.

Auf dem Heimweg, kurz vor Giengen, war eine Baustelle. Ich musste die Geschwindigkeit reduzieren, legte meine Hand auf die Mittelkonsole und sagte zu Annerose: „Siehst du, mit so einer großen Hand kann man nicht Händchen halten, nur Hand halten." Das war für Annerose eine Einladung. Dann legte sie ihre Hand in die meine, und ich spürte zum ersten Mal in meinem Leben, dass sich die Liebe entflammte. Als wir zurück in Giengen waren, haben wir uns das erste Mal geküsst.

In dieser Nacht wusste ich, dass Gott mich aus meinem Gelübde entlassen hatte. Es gibt Situationen im Leben, die kann ich nicht beweisen. Sie werden von außen immer anfechtbar sein, und doch haben sie die Kraft, eine neue Wirklichkeit im Leben eines Menschen zu gestalten. Ich wusste, Gott hatte eine Tür für mich geöffnet, durch die ich hindurchgehen durfte. Das alles hatte ich nicht gesucht, es wurde – und das ist der wesentliche Unterschied zwischen dem, was uns gegeben wird, und dem, was wir uns nehmen. Die Tür zu einem neuen Leben stand offen, und es brauchte Mut, hindurchzugehen. Wäre die Tür verschlossen gewesen, wäre aus der platonischen Beziehung keine Liebe geworden. Nun gehörten wir zusammen, und das sollte so bleiben. Vor meinem inneren Auge sah ich das Lächeln der Freundin, die damals sagte:

„Mal sehen, wie lange das platonisch bleibt!" Acht Wochen hatte es gedauert. Dann wurde es Liebe. Jetzt war es wieder wie am Anfang meiner Berufung. Gott hatte damals gesagt: „Und du wirst glücklich sein!" Das galt für den zölibatären Weg. Nun steuerte ich auf die Ehe zu, und ich spürte, ich darf diesen Weg gehen und werde nicht fröhlich, sondern wieder glücklich sein. Ich war wieder glücklich, aber anders.

Glück kann man nicht für sich behalten. Mein Herz war so übervoll von Freude, dass ich es den Freunden mitteilen musste. Ich schrieb an die 300 Freunde, die regelmäßig meine Artikel im Internet lasen:

Es ist eine Ewigkeit her, seit ich einen Artikel geschrieben habe. Heute kommt auch keiner, aber eine persönliche Information. Man muss sie nicht unbedingt gelesen haben, um in den Himmel zu kommen, aber sie enthält etwas Himmlisches! Als ich 2003 in

Frankreich gewesen bin, um mich von den Strapazen der Beratung und vieler anderer Aktivitäten zu erholen, habe ich das erste Mal in meinem Leben erlebt, was Einsamkeit bedeutet. Von allen Anfechtungen und Herausforderungen in meinem Leben war das das Schlimmste. Ich dachte mir, es ginge vorbei, wenn ich wieder in Deutschland bin und meiner normalen Arbeit nachgehe. Das war aber nicht so. Immer wieder legte die Einsamkeit ihre Krallen um mein Herz. Anders kann ich es nicht sagen. Ich habe Gott gebeten, mir zu helfen, mir einen Hinweis zu geben, was ich machen solle. Ich habe geistliche Beratung in Anspruch genommen, was ich mein ganzes Leben als Seelsorger und Therapeut getan habe. Es hat alles nichts geholfen. Oft saß ich verzweifelt am Abend in meinem Wohnzimmer und habe daran gedacht, wie Gott mir bei meiner Berufung gesagt hat, dass ich glücklich werde, wenn ich diesen Weg des Zölibates gehe. Ich bin den Weg gegangen und habe Gott gesagt, dass ich den Weg gerne gehe, aber nur, wenn ich wirklich glücklich bin. Das hat über Jahrzehnte gehalten, bis eben zu der Erfahrung in Frankreich 2003.

Was sollte nun werden? Sollte ich ins Kloster gehen oder mich irgendeiner Gemeinschaft von Brüdern anschließen, die mit mir das Leben teilen? Ich wusste es nicht. Im Dezember 2009 zog ich nach Giengen an der Brenz in ein wunderschönes Haus mit Terrassen und Garten. Ich dachte, nun bin ich pensioniert und habe ein schönes Haus und die Einsamkeit wird weichen. Tat sie aber nicht. Im Gegenteil, sie wurde noch unerträglicher.

Vor ca. fünf Wochen lief ich ahnungslos durch Heidenheim und dann stand sie plötzlich vor mir. Nicht die Einsamkeit! Ihre Lösung!! Annerose und ich haben uns bei mir getroffen und miteinander überlegt, wie wir die Zukunft miteinander gestalten könnten. Jeder sollte seinen Raum und Zeit haben. Wir wollten viel miteinander machen, aber auch Zeit für uns selber haben. Jetzt ist die Einsamkeit gewichen, und an ihrer Stelle steht eine hübsche kleine Frau. Wir mögen uns, wir lieben uns und werden — irgendwie – die Zukunft miteinander gestalten. So schön es für mich ist, es ist auch eine innere Herausforderung für mich. 63 Jahre glücklich ledig. Bis auf die letzten sieben Jahre, in denen ich nicht mehr glücklich war.

Dass das Ende der Einsamkeit eine Frau sein würde, damit habe ich nicht gerechnet. Ich habe in den letzten 20 Jahren viel Eheberatung gemacht und weiß, worauf zwei Menschen sich in einer Ehe einlassen! Aber ich glaube, ich habe auch etwas gelernt. Dass eine gute Beziehung dann gelingt, wenn man einander achtet, höher achtet, wertschätzt und einander so kennenlernt, dass die Partner sich immer aneinander freuen können. Ich weiß, dass manche jetzt schmunzeln, weil das eben gar nicht so einfach ist. Aber nahezu 40 Jahre verbindliches Leben hinterlassen auch Spuren und Erkenntnis.

Ein nächtlicher Aufschrei in der Zeltstadt

Der Juni ging vorbei, der Juli kam und damit auch die Zeltstadt in Thüringen. Ich war natürlich wieder dabei. Annerose blieb zu Hause. Wir hatten vereinbart, dass sie für ein paar Tage nach Thüringen kommen würde. Ich wollte sie den Leuten in der Zeltstadt vorstellen.

Wir machten Pläne für die Zukunft. Annerose fühlte sich immer sicherer in meiner Gegenwart. Sie hatte schon vor Jahren mit einem geistlichen Leiter über Alleinsein und Heiraten gesprochen. Dieser Mann sagte ihr, es wäre gut für eine ledige Frau, auf den Rat eines geistlichen Leiters zu hören, wenn sie sich verändern wolle. Es ging ihm nicht darum, dass eine ledige Frau nicht selber weiß, was sie will oder kann oder darf. Es war ein Angebot der Fürsorge und des Schutzes.

Dieser geistliche Leiter war wie ein väterlicher Freund zu ihr. Als unsere Beziehung klarer wurde, rief sie eines Tages diesen Mann an und fragte ihn, wie er das sehe, wenn sie mich heiraten würde. Er kannte mich auch, und das war gut. Annerose schrieb in ihr Tagebuch: „Er hatte einen positiven Schock. Er freut sich über unsere Beziehung!"

Für Annerose war das eine wohltuende Bestätigung, auf dem richtigen Weg zu sein. Aber sie hatte auch immer wieder Zweifel. Die vielen Ehen, die dabei sind zu scheitern. Ihre eigene Ehe, die nicht gehalten hatte. Die eigene Begrenzung und die Herausforderung durch die Art des Menschen, mit dem sie leben möchte und der doch ganz anders ist als sie selbst. Sie hatte Momente, in denen sie alles hinterfragte. Und jetzt diese Einladung in die Zeltstadt. „Jakobus will mich allen Leuten vorstellen", dachte sie. „Er freut sich drauf, und ich weiß nicht, wie es mir damit geht." Später erzählte sie mir, dass sie zu Gott geschrien hatte. Sie hatte Angst, die Frau an meiner Seite zu sein. Aber Gott beruhigte sie, und sie hörte wie er zu ihr sagte: „Ich traue es dir zu!" Das war beruhigend für sie, denn sie hatte die Erfahrung gemacht, dass Gott sie nie im Stich lässt.

Der Tag ihrer Ankunft kam, und ich rechnete damit, dass sie am späten Vormittag eintreffen würde. Sie war allerdings so früh losgefahren, dass sie schon zum Frühstück da war. Was für eine Freude! Ich war „stolz wie Oskar", meine Annerose allen vorstellen zu können. In der Zeltstadt wussten alle, dass ich glücklich ledig bin, und das hatte ich auch in vielen Predigten erwähnt. Eine Frau, die zum Gründerteam der Zeltstadt gehörte und jedes Jahr mit ihrem Sohn kam, hörte eines Nachts ihren Sohn im Schlaf laut im Nebenzelt rufen: „Ich glaub es nicht, Jakobus hat 'ne Freundin!" Die Beziehung zwischen Annerose und mir war ein großes Ereignis und eines der interessantesten Gesprächsthemen.

Wir verbrachten ein schönes gemeinsames Wochenende in der Zeltstadt, das der Auftakt für unser späteres Erscheinen als Ehepaar war. Ich kannte mich über viele Jahre als einen Mann, der glücklich ledig war und das auch oft betonte. Nun war es plötzlich anders. Ich war nicht nur glücklich, sondern strahlte auch wie ein Jungverliebter, und alle sahen das. Annerose war ein Geschenk des Himmels für mich, und das durfte und sollte jeder sehen. Sie würde in Zukunft die Frau an meiner Seite sein. Als sie wieder fahren musste, spürte ich zum ersten Mal in meinem Leben, dass jemand an meiner Seite fehlte.

Israel

Im Laufe der Jahre hatte ich viele Israelreisen organisiert und durchgeführt. Es ist etwas ganz Besonderes, wenn ich die Wege des Alten Testamentes gehe, in die Wege des Neuen Testamentes einbiegen kann und dort die Orte entdecke, an denen Weltgeschichte geschrieben wurde.

Ich war wieder auf dem Weg in das Land, in dem Jesus lebte, litt, starb und auferstand. Wir waren eine Gruppe von 45 Menschen, die erwartungsvoll auf dieses Land schauten.

Schon vor Jahren, als ich das erste Mal nach meinem Austritt aus der Bruderschaft hierherkam, ließ ich mir einen Ring machen. Viele Israelis tragen diesen Ring als Ehering. Mit hebräischen Buchstaben steht darauf zu lesen: „Ani le dodi we dodi li." Ein Wort aus dem Hohenlied Samuels: „Ich gehöre meinem Geliebten, und mein Geliebter gehört mir."[6]

Das ist allerdings schon die Übersetzung der Übersetzung. Genau heißt es: Wie ich zu meinem Onkel bin, so ist mein Onkel zu mir. Hinter diesem Synonym versteckt sich die Liebe Gottes zu seinem Volk. Es ist aber auch die Liebe von einer Frau zu einem Mann. Neutestamentlich kann man es auch als Liebe zwischen der Gemeinde und Jesus sehen.

Ich wollte für Annerose den gleichen Ring machen lassen. Ich wollte mit ihr für immer zusammenbleiben. Heimlich hatte ich mir von ihr das Ringmaß besorgt, und als ich den neuen Ring hatte, schrieb ich ihr eine E-Mail: „Wenn ich nach Hause komme, habe ich ein Geschenk für dich." Sie schrieb zurück: „Hoffentlich kein großes Geschenk." Sie ist eben doch eine echte Schwäbin von der Ostalb. Da ist man sparsam. Jetzt hatte sie einen Freund aus Westfalen, und ich bin überhaupt nicht sparsam. Aber ich schrieb ihr wahrheitsgetreu zurück: „Ich habe nur ein ganz kleines Geschenk für dich!"

Vorfreude ist etwas unglaublich Schönes. Die ganze Zeit in Israel freute ich mich auf den Moment, in dem ich ihr den Ring geben konnte. Annerose zweifelte noch immer an unserer Beziehung, Sie bat während meiner Zeit in Israel immer wieder Gott, ihr zu helfen, das Richtige zu tun. Einmal betete sie um Weisung für unsere gemeinsame Zukunft. Da hörte sie Gott sagen: „Wenn er dich fragt, ob du seine Frau werden willst, dann sag Ja!" Ich bin froh, dass Gott positiv auf ihr Rufen antwortete.

Drei Wochen blieb ich in Israel. Früher fuhr ich mit dem Gefühl los, dass niemand zu Hause auf mich wartete. Dieses Mal war es anders. Ich wusste, zu Hause ist jemand, der auf mich wartet und ich

---

[6] Hoheslied 6,3

wartete auf sie. Ich hatte ihr mein Auto überlassen, mit dem sie mich bei meiner Rückkehr abholen sollte. Sie holte mich am Rasthof Seligweiler ab, und wir waren in der Tat selig, wieder beieinander zu sein.

Als wir bei mir im Haus ankamen, steckte ich Annerose den Ring an den Finger und sagte: „Wir könnten doch jetzt auch verlobt sein." Sie war sehr berührt und wusste nicht so recht, was sie sagen sollte, weil Spontanität nicht ihre Stärke ist. Sie braucht etwas Zeit für sich, um mit sich selber ins Klare zu kommen. Jetzt kam ihr mein Terminkalender zur Hilfe. Sie hatte gesehen, dass ich am nächsten Tag predigen sollte. Darum war ihre rettende Antwort: „Du weißt schon, dass du morgen predigen musst?" Ich war sofort wieder auf dem Boden der Realität und ging ins Büro, um nachzuschauen. Tatsächlich. Ich musste predigen, und das hatte jetzt Priorität.

Erst am späten Nachmittag des nächsten Tages machten wir einen Spaziergang. Wir liefen gemeinsam um den Itzelberger See. Es war ein schöner Tag, und wir setzten uns auf eine Bank am Ufer des Sees und beobachteten zwei Schwäne. Irgendwie schwebte da noch eine offene Frage über uns und als wir wieder im Auto saßen, fragte ich sie: „Sind wir jetzt verlobt?" Sie lächelte mich an und sagte: „Ja, jetzt sind wir verlobt!" Ich gebe zu, etwas romantischer hätte das Ganze schon sein können, aber dazu fehlten mir Mut und Idee.

Wir sprachen viel über unsere Zukunft und kamen eines Tages zu dem Entschluss, dass wir im Mai 2011 heiraten wollten. Annerose braucht für eine so wichtige Entscheidung etwas mehr Zeit als ich. Da es jetzt erst Juni 2010 war, war der Mai im nächsten Jahr noch weit weg. Sie konnte der Hochzeit im kommenden Jahr entspannt entgegensehen.

An einem Abend im Oktober saßen wir zusammen im Wohnzimmer und sprachen wieder über unsere Zukunft. Das tun Verliebte gerne! Ich hatte einem Veranstalter zugesagt, eine Freizeit für Ledige über den Jahreswechsel zu halten. Ich fragte ihn, ob ich meine Freundin mitbringen dürfe. Seine erstaunte Antwort war: „Ja, aber nicht im gleichen Zimmer!" Nun waren wir verlobt und ich schrieb wieder dem Veranstalter, ob ich jetzt auch meine Verlobte mitbringen dürfe? Gleiche Antwort: „Ja, aber nicht im gleichen Zimmer!" Auf der einen Seite habe ich das natürlich verstanden, aber ich war

64 Jahre alt und verlobt, das fühlte sich anders an als mit 18. Ich erinnerte mich daran, dass ich mir früher nie hatte vorstellen können, mit einem Menschen 24 Stunden am Tag zusammen zu sein. In meinem ganzen Leben vorher hatte ich das nicht müssen, hatte immer eine Rückzugsmöglichkeit, aber wie sollte das gehen, wenn ich einmal verheiratet war? Und jetzt hatte ich plötzlich eine Frau an meiner Seite und ich fühlte mich wohl mit ihr und wollte mein ganzes Leben mit ihr teilen. Noch hatten wir beide unsere Häuser, noch konnte jeder von uns in seiner „Hütte" verschwinden. Aber ich wollte das gar nicht mehr. In meinem Haus war Platz genug, und Annerose konnte ein eigenes Zimmer bei mir haben. Das war ein wohltuender Anfang für unsere spätere Ehe. Durch die klare Ansage des Veranstalters wurde mir plötzlich deutlich, dass sich etwas Grundlegendes verändern musste.

Eines Abends fragte ich Annerose deshalb, was uns daran hinderte, noch im selben Jahr aufs Standesamt zu gehen. Es fiel mir schwer, in meinem Alter von meiner Freundin oder Verlobten zu sprechen. Sie sagte: „Eigentlich hindert uns nichts!" Wow! Ich war sehr überrascht! Ich fragte sie, was wir machen müssten, um zu heiraten. „Wir gehen zum Standesamt und geben das Aufgebot auf!"

Am nächsten Morgen sagte ich zu ihr: „Mach dich fein, wir gehen los!" „Wohin?" „Na, zum Standesamt!" Jetzt gab es kein Zurück mehr. Der Bürgermeister von Herbrechtingen, den ich gut kannte und mit dem ich mich gut verstand, war sofort bereit, die Trauung selber vorzunehmen.

Und so wurde ich am 18.12.2010 von Bürgermeister Dr. Bernd Sipple in Herbrechtingen gefragt:

„Wollen Sie Annerose Frank, geborene Walter, zu Ihrer Frau nehmen, dann antworten Sie mit Ja!"

„Ja!"

Wollen Sie, Annerose Frank, Jakobus Richter zu ihrem Mann nehmen, dann antworten Sie mit Ja!"

„Ja!"

„Damit erkläre ich Sie zu Mann und Frau!"

Dann mussten wir unterschreiben, und mir zitterte vor Aufregung die Hand. Danach gab ich ihr gleich einen Kuss, umarmte sie und fühlte mich bei ihr geborgen. Das war die volle Entspannung.

Unsere Gäste füllten den Raum des Standesamtes. Nicht alle hatten einen Sitzplatz, und nach der Trauzeremonie standen wir alle auf, fassten uns an die Hände und sangen miteinander das Lied: „Der Herr segne dich, behüte dich, lasse sein Angesicht leuchten über dir und der Herr sei dir gnädig! Er erhebe sein Angesicht über dich und erfülle dein Herz mit seinem Licht, tiefer Friede begleite dich."[7]

Das war der Moment zu einem neuen Lebensabschnitt. Gott sollte unser Begleiter sein, unsere Kraft und unser Friede auf unserem Weg als Ehepaar. Traude und Heidi, zwei unserer Freundinnen, hatten uns in der Mühle den Tisch gedeckt. Es gab ein großartiges Menü.

Jetzt hatte ich eine Frau. Eine Frau, für die ich die Nummer eins war und die auf allen meinen Wegen immer die Nummer eins sein würde. Jetzt musste ich lernen, die anstehenden Entscheidungen mit ihr zusammen zu entscheiden. Das war eine Herausforderung, die uns viel abverlangte. Aber auch mit 64 kann man noch lernen. Ich erinnerte mich an einen Ausspruch eines amerikanischen Psychologen: „Auch einem alten Hund kann man noch Tricks beibringen!" Ok, dann springen wir, auch wenn es nicht mehr einfach und hoch sein wird wie in unserer Jugendzeit.

In den kommenden Monaten krachten unsere unterschiedlichen Persönlichkeiten mit Gewalt aufeinander. Eine Herausforderung, die ich glücklicherweise vorher nicht sehen konnte. Es waren harte Zeiten, aber wir lernten, unsere Konflikte zu lösen. Annerose war tapfer; sie ist eine großartige Frau, und auch ich war bereit, dazuzulernen.

Der 28. Mai 2011 kam näher und damit die kirchliche Trauung. Annerose wollte am liebsten ganz klein feiern, weil sie schon einmal verheiratet war. Ich wollte mit allen feiern, die ich kannte und die mir wichtig waren. Dabei ging es mir gar nicht um das große Fest. Ich wollte alle dabeihaben. Es sollte ein Fest der Begegnung werden, an dem sich die Menschen trafen, die in meinem Leben wichtig waren und sind. Das wollte ich auch für Annerose. Auch ihre Freunde sollten kommen und meine und ihre Freunde unsere Freunde werden.

Das Geld, das wir nicht hatten, spielte natürlich bei allen Überlegungen eine bremsende Rolle. Ich lud inzwischen jeden ein, und Annerose wurde es angst und bange. Wie sollten wir das alles bloß

---

[7] Martin Pepper; mit freundlicher Genehmigung des Autors.

finanzieren? Sie sprach mit Heidi, die ihren Zweifel an unserer dauerhaft platonischen Freundschaft gehabt hatte.

Heidi ermutigte Annerose und sagte zu ihr: „Wenn du Jakobus heiratest, dann kannst du nicht hinterm Ofen heiraten, das gibt was Größeres!" Annerose willigte ein, weil sie sah, dass es mir wichtig war und ich Freude an einem Fest der Begegnung hatte. Jetzt war sie bereit einzuwilligen. Sie sagte Ja zum großen Fest. Sie hatte bei ihrer ersten Hochzeit auch ein großes Fest und wollte es mir nicht vorenthalten. Ich hatte allerdings auch schon ein großes Fest gefeiert, meine Profess. Damals 1978, hatte ich ein riesiges Fest mit internationalen Gästen gefeiert.

Aber Heidi hatte recht! Und ich wollte einfach unsere Beziehung bzw. meine Liebe zu ihr groß feiern. Wir gestalteten eine schöne Einladungskarte für den 18. Mai 2011. Ein Fest auf einer Wiese. Jeder durfte kommen, es war Platz genug für alle. Jeder sollte etwas für sich und seinen Nächsten zu Essen mitbringen, seinen Teller, sein Besteck, seine Tasse und sein Glas. Und jeder, der etwas mitgebracht hatte, sollte die Reste wieder mit nach Hause nehmen. Als Annerose merkte, dass das mit der Einladung für unser Fest funktioniert, hatte sie auch den Mut, ihre Freunde einzuladen.

Die Trauung fand in Söhnstetten auf der Ostalb statt. Es war die Kirche im Heimatort von Annerose, in der sie zwölf Jahre Mesnerin gewesen war. Die Kirche hat Platz für 1000 Leute.

Wir fuhren in einem offenen Cadillac á la Elvis Presley zur Kirche. Annerose mit einem weißen Hut und ihrem Hochzeitskleid, das wir auf unserer geschenkten ersten Hochzeitsreise nach dem Standesamt mit unseren Freunden Bernd und Traude Hoff in Jerusalem gekauft hatten.

Vorher waren Annerose und ich auf der Suche nach einem Kleid in Berlin. Doch da gab es kein Hochzeitskleid für sie. Wir waren in Ulm, auch da gab es keins. Nun waren wir im Urlaub in Israel und im Norden Israels in einem Laden für Hochzeitskleider, aber auch hier fanden wir nichts Passendes.

Annerose bekam heftige Zahnschmerzen und brauchte einen Zahnarzt. Es war Feiertag. Die Juden feierten Purim, das Fest der Esther. Durch einen Freund in Jerusalem fanden wir einen Zahnarzt. Er schaute sich Anneroses Zähne an und sagte, es sei eine so gute

Arbeit, er wolle da nichts kaputt machen und sie solle Schmerztabletten nehmen und zu Hause zu ihrem Zahnarzt gehen. Aber die Schmerzen wurden unerträglich, und Annerose rief bei ihrem Zahnarzt in Deutschland an, der eine Ferndiagnose stellte. Sie solle unverzüglich zu einem anderen Zahnarzt gehen, damit er ihr die Krone durchbohre, dann ließe der Schmerz sofort nach.

Wir fanden einen Zahnarzt im zehnten Stock eines Hochhauses in Jerusalem. Ich durfte mit in das Behandlungszimmer gehen und war mehr von der fantastischen Aussicht begeistert als von dem, was sich da im Zahnarztstuhl abspielte. Der Zahnarzt bohrte, und der Schmerz in Anneroses Zahn ließ augenblicklich nach. Es ging ihr wieder gut.

Mit sichtbarer Erleichterung verließen wir die Zahnarztpraxis und liefen zu unserem Hotel zurück. Auf dem Weg dorthin, genauer gesagt an der Kreuzung der Straßen Jaffa und King George, befindet sich das Damen-Bekleidungsgeschäft Judith. Schon von weitem sah Annerose ihr Hochzeitskleid im Schaufenster des Geschäftes. Wir kamen näher, das Leuchten in Anneroses Gesicht wurde heller und dann sahen wir es im Eingang stehen: Anneroses Hochzeitskleid! Wegen Purim war geschlossen und ich bot Annerose an, am nächsten Tag mit ihr noch einmal dorthin zu gehen.

Am nächsten Tag waren wir in Judith's Laden. Das Kleid stand noch dort, und Annerose durfte es anprobieren. Das Kleid passte wie angegossen. Nur die Ärmel sollten etwas kürzer gemacht werden. Das ging sofort, und wir gingen strahlend und glücklich zum Hotel zurück. Scheinbar hatten die Engel es für Annerose genäht. Sie sah wie ein Engel darin aus.

Jetzt saßen wir frierend im offenen Auto und „schwebten" der Kirche entgegen. Es hatte sich längst herumgesprochen, dass Annerose heute heiratet. Viele aus dem Dorf wollten die Braut und natürlich auch den Bräutigam sehen.

Die Kirche war voll. Detlef Kauper, mein Freund und Pfarrer aus Erfurt, traute uns, und Stefan Hornischer, ein befreundeter Pastor einer Pfingstgemeinde, hielt die Predigt. Der Gospel-Alive-Chor aus Großaltdorf bei Schwäbisch Hall leitete den Lobpreis. Es war wie im Himmel. Wir gaben uns das Ja-Wort vor Gott und ich küsste

Annerose an der falschen Stelle in der Liturgie. Später tat ich es an der richtigen Stelle gleich noch einmal. Was für ein Vergnügen! 350 Freunde fuhren mit uns auf die Wiese. Wir standen zweieinhalb Stunden in der Sonne, um all die Gratulationen in Empfang zu nehmen. Es gab ein so leckeres Kuchenbuffet, das wir niemals hätten bestellen können. Später gab es ein Abendbuffet, das sich keiner hätte ausdenken können.

Es war grandios. Wir wollten keine Geschenke. Wenn jemand etwas geben wollte, war ein Beitrag zu einer Hochzeitsreise sehr willkommen. Mit diesem Beitrag saßen wir genau ein Jahr später im Flugzeug und flogen auf die Insel Sansibar. 14 Tage Sonne pur. Das Wasser im Indischen Ozean war so warm, dass wir direkt hineingehen konnten.

Als kleines Mädchen war Annerose das Geschenk für ihren Vater. Er hatte sich immer ein Mädchen mit langen, schwarzen Zöpfen gewünscht und bekam es. Sie wurde der Liebling des Papas. Als er noch gelebt hatte, sagte er immer wieder einmal mit einem Lächeln auf den Lippen zu ihr, sie solle hingehen, wo der Pfeffer wächst. Nun war sie da, und er hätte sicher seine Freude daran gehabt, sie hier zu sehen.

Als wir heirateten, waren Anneroses Eltern leider schon gestorben. Meine Mutter durfte Annerose noch kennenlernen. Meine Mutter schaute ihr in die Augen und bat sie kurz vor ihrem Tod: „Mach ihn glücklich!"

Ein paar Wochen später starb meine Mutter. Ich hatte ihr versprochen, sie zu beerdigen. Die eigene Mutter zu beerdigen, ist mit vielen Emotionen verbunden. Aber ich wollte es, weil es mein letzter Liebesdienst an einer Frau war, die ihr Leben für ihre Familie gegeben hatte. Sie war es, die mich vor vielen Jahren gehen ließ, als ich Mönch werden wollte. Sie wusste nicht wirklich, was das bedeutet, aber sie sah, dass es mein Weg war. Wenn Mütter ihre Söhne loslassen, beginnt für die Söhne der Weg in die Freiheit und Entwicklung.

Nun stand ich mit der Urne meiner Mutter in der Hand auf dem Friedhof. Zur Beisetzung las ich ein Lied vor:

Nun bist du fort,
und nichts auf dieser Welt bringt dich zurück.
Nun bist du fort.
Hätt' ich dich nie gekannt,
wär dieser Tag ein Tag wie tausende zuvor.
Doch nun wisch ich mir ganz verschämt
die erste Träne vom Gesicht.
Nun bist du fort…
Schon gut – ich weine nicht!

Du hast geglaubt an den,
der selbst die Auferstehung ist.
Du hast geglaubt,
und du hast oft gesagt,
wenn du mal gehen musst, gehst du zu ihm.
Doch sag, was bleibt mir nun von dir,
was ist davon schon von Gewicht?
Nun bist du fort …
Schon gut – ich weine nicht!

Ich weiß, du lebst,
du bist nun frei und froh wie nie zuvor.
Ich weiß, du lebst,
doch schreibst du nie mehr einen Brief,
rufst nie mehr an.
Du lebst, als wärst du tot.
Ich weiß, ich weine nur um mich.
Wie ich ihn hasse, den Verzicht!
Nun bist du fort...
Schon gut – ich weine nicht!

Ich weiß nicht wie, doch hinter Wolken
sehe ich ein schwaches Licht.
Ich weiß nicht wie, doch du,
ich freu mich auf einmal ganz leis' für dich.
Du weißt nun mehr als ich.
Ach du, ich tu dir sicher leid,
wie ich hier steh im Kerzenlicht.

Nun bist du fort...
Doch schau – ich weine nicht!

Du bist zu Haus,
du gingst mir nur ein kleines Stück voraus.
Du bist zu Haus!
Die Uhr an deinem Arm steht nun für immer still;
die Zeit hat ausgedient.
Der Tod, die Schmerzen sind vorbei.
Ich glaub, zurück willst du wohl nicht,
Nun bist du fort...
Denn du lebst in Gottes Licht.[8]

„Mach ihn glücklich!" waren die letzten Worte, die meine Mutter ihrer Schwiegertochter mit auf den Weg gab. So wurde für mich das Ende wie der Anfang: Ich war glücklich, aber jetzt anders und zu zweit.

Ja, ich bin glücklich. Es waren 64 gute und schwere Zeiten. Zölibat zu leben, war nie leicht für mich, aber es war richtig für die Zeit, in der es mir gelungen ist. Ich kann mir eine bessere Charakterschule nicht vorstellen. Gut, dass ich am Anfang nicht wusste, was auf mich zukam. Ich habe die schmerzliche Erfahrung machen müssen, dass die Brüder, die ich in der Gemeinschaft als Freunde hatte, keine waren. Sie waren den Ordnungen der Gemeinschaft unterworfen, und wenn es etwas gab, das sich außerhalb dieser Ordnungen abspielte, dann waren es nicht die Freunde, die im Vordergrund standen, sondern die Ordnungen. Dieser ewige Dogmatismus, der auch in den Gemeinschaften gelebt wird und der die echte Liebe in der Freiheit der Kinder Gottes verhindert, wurde zum Beziehungsverhinderer. Dagegen habe ich das zölibatäre Leben bei den Franziskanern in Hilfield anders erlebt. Hier stand der Mensch im Vordergrund, und das ohne Ansehen der Person.

Trotzdem schaue ich nicht enttäuscht auf meine Zeit in Gnadenthal zurück. Immerhin wurde aus dem Choleriker ein geduldiger Mensch. Ich habe gelernt, mich unterzuordnen und gehorsam zu sein. Keine leichte Übung für einen Menschen wie mich, der selber weiß, was er

---

[8] Jürgen Werth; mit freundlicher Genehmigung des Autors.

will. Aber ich habe es in dem Wissen auf mich genommen, dass das mein Weg ist, den ich unter der Führung Gottes leben wollte. Ich glaube nicht, dass ich es den Brüdern um mich herum einfach gemacht habe. Wir waren jung und sicherlich in mancher Hinsicht mit den Brüdergeschichten aus der Bibel vergleichbar. Die Bibel erzählt von verschiedenen brüderlichen Beziehungen, die durchaus von Kampf und widerstreitender Leidenschaft geprägt waren.

Kain und Abel. Der eine erschlug den anderen. Gott hatte nur des einen Opfer angenommen. Kain hat nicht nachgefragt. Er erschlug seinen Bruder. Soweit gehen wir in einer Gemeinschaft natürlich nicht, aber es ist das Bild für Konkurrenz. Wir waren jung, sehr jung und hatten Kraft. Die einen waren schwach, die anderen stark. Positionen mussten gefunden werden, und so fromm waren wir auch wieder nicht, auf alles um des anderen willen zu verzichten. Das Leben vor 3000 Jahren hatte die gleichen Gesetze wie heute.

Wie war das bei Jakob und Esau? War das brüderlich, dass der eine den anderen über den Tisch zog, nur weil der andere Hunger hatte? Eine schöne Metapher für den Hunger des Lebens. Ähnlich ging es weiter mit Joseph und seinen Brüdern. Weil der Jüngste der Brüder vom Vater mehr geliebt wird, suchen seine Brüder einen Weg, ihn zu beseitigen. Neid und Missgunst feiern auch heute noch ihre Feste und machen auch in den frömmsten Kreisen keine Ausnahme. Das ist unter „Brüdern" auch nicht einfacher.

Und trotzdem! Leben als Bruder im Zölibat hat auch Kraft, hat Möglichkeiten, die verändernde Wirkungen haben. Sie haben Zeit, viel Zeit, um zu beten. Sie schaffen Räume, um den gehetzten Menschen, die Ruhe suchen, Raum zu geben. Sie haben ein offenes Ohr für die Verzweifelten, und entsprechend ihrer Regeln arbeiten sie sozialengagiert und seelsorgerlich therapeutisch. Ich hatte in meiner Zeit als lediger Bruder viel Zeit für Menschen, die auf der Suche nach dem Leben waren.

Heute ist mir bewusst, dass eine funktionierende Gemeinschaft von ledigen Menschen nur gelingen kann, wenn sie aus der Vergebung leben. Wir haben viel darüber gesprochen, Bibelarbeiten gehalten und gepredigt. Wirkungsvoll ist es aber nur, wenn wir es im täglichen Leben praktizieren. Das habe ich in allen Gemeinschaften, die ich im Laufe meiner Bruderschaftszeit gesehen und erlebt habe, so nicht erfahren. Vergebung war allenfalls ein liturgischer Vorgang. Das ist eine betrübliche Erkenntnis, aber sie hat mir geholfen und mich herausgefordert, es in meinem weiteren Leben anders zu machen. Nur die Erkenntnis, die wir in die Tat umsetzen, zeigt Wirkung.

Nun bin ich verheiratet. Jeder Verheiratete weiß, dass auch dieses Leben nicht auf Rosen gebettet ist. Es ist schön, aber es hat Stacheln. Zu Beginn unserer Ehe haben wir uns entschieden, jeden Tag miteinander zu beten. Wir nehmen uns Zeit dazu. Gemeinsam lesen wir in der Bibel oder in Büchern, die uns geistlich und geistig inspirieren. Wenn wir Streit haben – und der kann echt heftig ausfallen – versöhnen wir uns mit dem Akt der gegenseitigen Vergebung im Namen Jesu. Das ist nicht leicht, weil ich zugeben muss, dass ich einen Fehler gemacht habe, den anderen verletzt habe und ihm gegenüber nicht fair war. Aber es hilft uns, ehrlich voreinander zu sein. Wir haben gelernt, dass wir mit unseren Worten den Partner in den Abgrund stoßen können oder ihm eine Brücke zu seinem Herzen bauen können. Auch das ist kein leichter Weg, aber ein Weg der Hoffnung und Ermutigung. Meine Frau ist die Nummer eins in meinem Leben, und ich bin ihre Nummer eins; und in unserer Mitte erleben wir die Gegenwart Gottes, die uns hilft, eine geklärte und schöne Beziehung zueinander zu haben. Dieses Gefühl der Nähe und Verbundenheit hatte ich als Lediger nicht.

Aus der ersten Ehe meiner Frau hat sie zwei Söhne und drei Enkelkinder. Ich bin nie Vater geworden, auch wenn mich manche Menschen als geistlichen Vater sehen. Auf ein echtes Vatersein zu verzichten, war früher nie ein Thema für mich. Erst seit ich verheiratet bin und die Kinder meiner Frau erlebe, denke ich manchmal mit etwas Trauer daran, nie Vaterfreuden erlebt zu haben. Ich bin Opa geworden, aber auch nur durch die echte Oma an meiner Seite.

Was mich aber viel mehr bewegt als alle Gedanken über „Ach hätte ich doch" usw. ist die Erfahrung mit Jesus. Es sind nicht die Ordnungen, die das Beziehungsleben mit Gott und mir prägen und geprägt haben, sondern seine Liebe, in der er immer wieder einmal zu mir sagte: „Der Sabbat ist um des Menschen willen gemacht, und nicht der Mensch um des Sabbat willen."[9] Das ist kein Freibrief, um machen zu können, was ich will. Es ist die liebevolle Hand Jesu, die

---

[9] Markus 2,27

in unsere Verzweiflung hineinwirkt, wenn wir wieder einmal nicht wissen, wie es weitergehen soll. Von diesem Wissen lebe ich. Damals als Bruder und heute als Ehemann. Diese barmherzige Liebe macht mich glücklich. Ich kann sagen, dass es am Ende wie am Anfang ist. Nur anders.

Die Situationen im Leben verändern sich. Die Gesellschaft verändert sich und auch unsere Sichtweisen gleichen sich unseren Erfahrungen an. Gottes Liebe ist nicht statisch, sie geht mit. Sie holt uns zurück in seine Wirklichkeit, wo Leben möglich ist, und das nicht mit dem erhobenen, moralischen Zeigefinger, sondern mit dem, was Paulus den Römern schrieb: „Oder verkennst du den Reichtum seiner Güte, Langmut und Geduld? Weißt du nicht, dass Gottes Güte dich zur Umkehr leitet?"[10] Dieses ermutigende Wort braucht man im Leben einer Gemeinschaft und im Leben mit einem Ehepartner. Mark Twain hat einmal geschrieben: „Die eindrücklichsten Morallektionen sind diejenigen, die nicht aus Büchern, sondern aus der Erfahrung stammen." Ja, so ist es. Die Erfahrungen werden zur Erkenntnis, und die Erkenntnis hat ihre Wirkung in der Tat. Darum tue ich, was im Evangelium steht, und verlasse mich auch weiterhin auf Gottes Güte.

---

[10] Römer 2,4

WEITERE LITERATUR VON JAKOBUS RICHTER

Der Elefant und das Trampolin

Wie die Seele das Hüpfen wieder lernt

104 S., Taschenbuch

Unsere Seele lässt sich mit einem Trampolin vergleichen, das verschiedenen Belastungen ausgesetzt ist. Diese kommen uns oft wie ein Elefant vor, der sich nicht so leicht vertreiben lässt.

Wie können wir nun verhindern, dass sich so ein „Elefant" auf unser „Psychoseelen-Trampolin" setzt, und was können wir tun, wenn dies bereits geschehen ist? Dazu liefert Jakobus Richter aus seiner langjährigen Seelsorgeerfahrung Antworten.

Er beschreibt unter anderem 14 „Nährstoffe für die Seele", die uns helfen, unsere Seele wieder zum „Hüpfen" zu bringen. Außerdem geht er auf die vier „Elefanten" ein, die unser Leben extrem „beschweren" können, und erklärt, wie wir diese wieder loswerden.

Ein Mut machendes Buch für das Leben mit einer hüpfenden Seele.

Für Herbst 2019 geplant:

Wenn nach einer langen Nacht die Sonne wieder scheint
52 Wochen der Ermutigung

Weitere Produkte von GloryWorld-Medien

Wayne Jacobsen
Die Gemeinschaft der Neuen Schöpfung
Wie wir sie finden und warum es noch so viel mehr gibt
272 S.; Paperback

Wenn Sie sich, wie viele andere, gefragt haben, ob die Gemeinde Jesu noch mehr sein könnte als die religiösen Institutionen, die wir nach 2000 Jahren vorfinden, werden Sie sich mit diesem Buch befassen wollen.

Gottes Gemeinde kann unmöglich durch menschliche Anstrengungen geformt und erhalten werden, sondern ist die Frucht einer neuen Schöpfung von Männern und Frauen, die jenseits menschlicher gesellschaftlicher Konventionen leben und ein Leben in Jesus teilen, das auch ihren größten Hunger stillt.

Neil Cole, Organische Gemeinde
Wenn sich das Reich Gottes ganz natürlich ausbreitet
288 Seiten, gebunden

Wie wäre es, wenn Gemeinden auf organische Weise entstünden, wie kleine geistliche Familien, aus dem Boden der Verlorenheit geboren, weil hier der Same Gottes ausgesät wurde? Genau dies erlebte Neil Cole, nachdem er anfing umzusetzen, was Jesus selbst zum Thema Gemeinde lehrte.

Innerhalb von sechs Jahren entstanden 800 Gemeinden in 32 Ländern. In diesem Buch fasst er seine Erkenntnisse zusammen: Welche Sicht hatte Jesus selbst von der Gemeinde? Die organische Natur des Reiches Gottes / Der genetische Aufbau des Leibes Christi / Jesu Strategie, sein Reich auszubreiten / Unsere hohe Berufung, an Gottes Plan mitzuwirken.

Neil Cole, Leiten lernen wie Paulus
Hineinwachsen in ein Leben, das Kreise zieht;
240 S., Klappenbroschur

Welche Lektionen können wir von Paulus, einem der größten Weltveränderer der Geschichte lernen? Welche Lebens- und Leiterschule durchlief er, um am Ende sagen zu können: „Ich habe den guten Kampf gekämpft, ich habe den Lauf vollendet ..." (2 Tim 4,7)?

In diesem Buch nimmt uns der erfahrene Coach und Gemeindegründer Neil Cole mit auf eine Reise. Wir untersuchen das Leben des Apostels Paulus und lernen wertvolle Lektionen darüber, wie Gott in verschiedenen Lebensphasen einen Leiter formt und ihn zum Ziel bringt.

Leiten bedeutet dabei, Einfluss zu haben. Jeder ist dazu geboren, jemand zu werden, der Einfluss hat – egal, ob er wie Paulus unerreichten Völkern das Evangelium bringt oder Kinder so erzieht, dass sie unsere Gesellschaft positiv prägen.

Bill Johnson / Randy Clark, Berufen zu heilen (B. 1)

Grundlagen und Praxis des Gebets für Kranke, 240 S., Pb.

Jeder Christ kann von Gott gebraucht werden, um anderen Heilung zukommen zu lassen. Das ist das Anliegen der beiden Autoren. Dazu berichten Sie, wie Gott sie in den Heilungsdienst hineinführte, und legen anschließend klare biblische Grundlagen für das Heilungsgebet.

Im umfangreichsten Teil gehen sie auf verschiedene Aspekte ein, die für eine Heilung förderlich sind, erläutern, wie seelische und körperliche Krankheiten zusammenhängen und stellen dann ein in der Praxis bewährtes Modell für das Gebet um Heilung vor, das für alle Christen leicht anwendbar ist.

Tommy Welchel und Michelle P. Griffith

Wahre Geschichten und Wunder der Azusa Street

Eine der größten Erweckungen der Geschichte, die heute wieder aktuell ist; 200 S.; Paperback

Tommy Welchel besuchte in den 1960er-Jahren die Leute, die als Jugendliche wesentlich an einer der größten geistlichen Erweckungen beteiligt waren – der Azusa-Street-Erweckung. Sie erzählten ihm aus erster Hand, welche außergewöhnlichen Wunder und Heilungen sie damals erlebten, wenn sie für Menschen beteten.

Erst vor Kurzem gab Gott dem Autor die Erlaubnis, diese Geschichten in Buchform zu veröffentlichen. Inzwischen werden sie auf der ganzen Welt erzählt und die Folgen sind immer noch erstaunlich: Wunderbare Heilungen, übernatürliche Phänomene und Lösungen für das Unmögliche.

Thom Gardner, Liebe ohne Ende

Eine Offenbarung von Gottes Leidenschaft, Gegenwart und Herrlichkeit; 248 S., Paperback

Thom Gardner geht ganz praktisch der Frage nach, was Gottes Liebe ausmacht und wie diese Liebe unser Leben immer mehr durchdringen kann. Seine Liebe hat die Kraft, alle Hindernisse zu überwinden, die Folge unserer Verletzungen aus Beziehungen und unseres begrenzten menschlichen Verstandes sind.

Die „Wendepunkte" am Ende eines jeden Kapitels leiten Sie dazu an, die Leidenschaft Gottes zu spüren, seine Gegenwart zu erleben und seine Herrlichkeit zu sehen. Sie werden immer tiefer erfassen, dass Gottes Liebe für Sie in der Tat „ohne Ende" ist.

Ein von Liebe und Gnade bestimmtes Leben wird Ihnen ermöglichen, auch anderen immer mehr in Liebe und Gnade zu begegnen – selbst denen, die Sie verletzt haben.

Barry & Lori Byrne, Liebe in der Ehe

Eine tiefere geistliche, emotionale und körperliche Einheit erleben; Vorwort von Bill Johnson; 334 S., Klappenbroschur

Gott möchte, dass die Ehe ein Ort echter Liebe und Vertrautheit ist. Dafür brauchen wir die Hilfe des Heiligen Geistes. Mit ihm können wir die Ursachen unserer Konflikte erkennen und überwinden. Unsere Ehe kann Heilung und Wiederherstellung erfahren, egal, wie der momentane Zustand ist.

Mit klarer biblischer Lehre und vielen praktischen Hilfen packen die Autoren die wichtigsten heißen Eisen an. Viele ermutigende Erfahrungsberichte verdeutlichen die dramatische Heilung und Intimität, die mit Gottes Hilfe möglich ist.

Larry Kreider
Authentisches geistliches Mentoring

Anderen helfen, im Glauben zu reifen; 240 Seiten, Pb.

Es ist kein Geheimnis, dass es einen großen Bedarf an geistlichen Vätern und Müttern gibt, die Mentoren für jüngere Christen sein können. Mit diesem praktischen Handbuch gibt uns Larry Kreider bewährte biblische Prinzipien an die Hand, sodass Mentor-Beziehungen gelingen.

Er stellt insbesondere das Mentoring-Modell Jesu vor und zeigt auf, wie wir dieses in unserer geistlichen Familie anwenden können. Ob Sie nun einen geistlichen Mentor suchen oder einer werden wollen – dieses Buch ist gleichermaßen für Sie geeignet!

Don Atkin, Eine verzweifelte Welt in der Hand der Neuen Schöpfung; 186 S. Pb.

Um die Veränderungen wahrzunehmen, die Gott sich für sein Volk wünscht, müssen wir zurückschauen auf *seine ursprüngliche Absicht für die Menschheit.* Don Atkin zeigt leidenschaftlich auf, wie wir für eine Not leidende Welt *zu Repräsentanten Gottes werden können.*

Er führt uns in eine *Bereitschaft hinein, alles zu sein, wofür wir erschaffen wurden,* die zur Folge hat, dass wir den Generalplan des Vaters für die Schöpfung erfüllen.

Dieses praktische Handbuch umreißt auf sehr kompakte und leicht verständliche Weise eine solide Theologie und allgemeingültige Prinzipien, wodurch sowohl erfahrene als auch neuentschiedene Christen ein *Gesamtbild dessen erhalten, worum es im Christsein wirklich geht.*

Silvan Carabin, Wer bin ich?

Meine Identität – aus Gottes Sicht; 120 S.; Paperback

Jeder strebt danach, bedeutend zu sein. Jeder strebt danach, eine Identität zu haben. Identität ist das, was uns bleibt, wenn uns alles weggenommen wird.

„Wer bin ich?" hilft dir zu verstehen, wer du in Gottes Augen bist, und zeigt dir deinen wahren Wert auf. Darüber hinaus wird es dich ermächtigen, deine wirkliche Bestimmung auszuleben und in den Lebensstil des Königreiches Gottes durchzubrechen.

Nur wer seine wahre, Gott gegebene Identität kennt, kann darin leben und die Dinge tun, welche Gott für ihn vorbereitet hat.

Michael Stahl, Vater-Sehnsucht

120 Seiten, Paperback; **auch als Hörbuch sowie in Englisch und Russisch erhältlich**

Immer mehr Kinder wachsen in dieser Welt ohne Vater auf. Was wird aus diesen Kindern? Der Vater ist der erste Held im Leben eines Kindes. Dieser mächtigste Mensch der Welt kann Wunden schlagen und sie auch heilen.

Michael Stahl, lässt uns an der Entstehung und dem Heilungsprozess seiner eigenen Vaterwunden teilhaben. Und er berichtet, was er erlebt, wenn er in Schulen, Heime, Gefängnisse oder Firmen geht und dort Menschen hilft, sich miteinander zu versöhnen. Das Buch ist eine Schatzgrube für alle auf der Suche nach Wurzeln, Identität und Wahrheit.

Christoph Fischer, Der Weg eines Sohnes

Wie die Liebe des Vaters uns in unsere Identität und Berufung hineinführt; 112 Seiten, Pb.

Auf eine authentische, lebensnahe Art nimmt uns Christoph Fischer mit auf seine Reise zu einer innigen Beziehung zu Gott und in seine Berufung hinein. Dabei scheut er sich nicht, die Herausforderungen des Alltags ungeschminkt wiederzugeben und aufzuzeigen, wie wir als Sieger daraus hervorgehen können.

Eine praktische Anleitung, wie wir den Lügen des Teufels hinsichtlich unserer Identität und Berufung widerstehen und die Wahrheit Gottes ergreifen können.